はじめに

　相続は、知的好奇心を刺激され、同時に大きな充実感も味わえる法分野です。ところが、経験の浅い士業者がそれらを学ぼうとすると、多くの場面で疑問や不可解さ、違和感を感じるはずです。

　これは、相続分野に似通った（けれども異なる）制度が多いこと、法的意味と社会一般の理解とが明確に区別されない場面があること、人の生活に最も近い法分野の一つでありながら法制度がそれに最適化されていないことなどに原因があります。

　世には「相続本」が溢れ、なかには良書と呼べる実務書も多くありますが、若手士業者が直面するそんな「ひっかかり」を正面から取り上げたものは皆無といってよく、駆け出しの士業者は割り切れない思いを抱えたまま、手探りで案件に取り組まなければなりませんでした。

　この本では、相続にまつわる相談や依頼を受けることが増えてきた若手士業者の方にとって、相続を学ぶ道のりで出くわすであろう「ひっかかり」の場所をあらかじめ明らかにし、どう対処すればよいのかという考え方をできる限りわかりやすく示すことを心がけました。

　遺産分割協議、調停や遺言執行者としての業務を行うようになった中堅の法律家にとっても、本書は、ときに混乱しがちな制度、手続、概念を整理し、きちんと理解し直す助けとなるはずです。

　また、施行が目前に迫る約 40 年ぶりの大幅な相続法改正についても、噛み砕いてできる限りわかりやすく説明を加えていますので、手っ取り早く改正を押さえたいという方にも最適です。

　もちろん、相続事件処理にも改正にもまったく興味がないという方向けに、センセーショナルなイラストも多数用意しています。

　この本が、あなたの歩く相続道を明るく照らし、より充実した歩みをもたらす一助になれたら望外の喜びです。

2018 年 11 月

中村　真

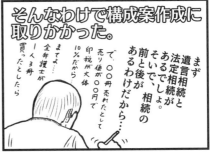
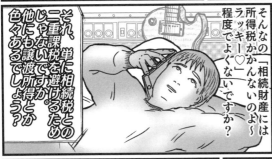

前回までのあらすじ

二〇××年、法曹界は司法制度改革の炎に包まれ、あらゆる法分野は熾烈な競争の場と化した。

見えざる現場より、相続本執筆のため、出版社・清文社の提案により、中村真は方々に知識整理の筆切り始めたが、あまりに苦手の四苦八苦するうちに当初の発刊予定より一年余を経過していた。

案の定、中村真は「一つ気にかけていた」と切り出した。

深く落ち込むさまで、弁護士中村真は自らの行為に恐怖した。

法改正と相続の大きなうねりを前に、翻弄された弁護士中村の真はあたかも彗星の如く現れた相続担当入れによる相続本出版の企画もお蔵入りになるかと思われた。そのとき、応募編集者Sは改正相続法への対応を提案するのであった。

主要な登場人物

福士タカ(71)
相続の相談にやってきた高齢女性。芝居と人の噂話に目がないが、人の話は聞かない。

吉岡賢介(5)
幼稚園児(ほしぐみ)。思った事をすぐ口にするところがあり、一度、法事を修羅場にしたことがある。

エゾヒグマ(雌・推定7-8歳)
ヒグマの亜種。穴持たずのため極めて危険。

さぁ、本編へ！

相続道の歩き方

目 次

第1章
相続開始前の道

① まずは全体のイメージを ……………………… 2
[遺言相続と法定相続]

そもそも相続ってなに？……2
- ○ じつは難しい"相続"の定義　2
- ○ "相続"が必要とされる理由　3

相続問題を捉える視点の大切さ……4
- ○ ポイントは全体像の把握　4

遺言相続と法定相続……6
- ○ "被相続人の意思"がカギ　6
- ○ 相続の原則と例外　7

② 被相続人が決める相続のカタチ ……………… 8
[遺言相続]

遺言と遺贈、整理できていますか？……8
- ○ 遺言で行う財産処分が「遺贈」　8
- ○ 遺言でできること、遺言でなければできないこと　11
- ○ 遺言ができる人、できない人　21
- ○ 遺贈は受遺者が放棄できる　23

遺言の類型と選択……25
- ○ 遺言の類型　25
- ○ 公正証書遺言を勧めるワケ　28

正しい遺言の作り方……32
　○ 公正証書遺言作成の必要書類について　33
包括遺贈と特定遺贈……38
　○ 遺言執行者が必要なのはどんなとき？　43

③ 生前贈与、死因贈与という選択肢 …………… 46
［選べるって素晴らしい］

生前贈与、死因贈与とは……46
　○ 生前贈与が行われる場合　47
　○ 死因贈与が行われる場合　48
遺留分減殺の順序……51

④ 何もしないという選択肢 ………………………… 52
［めんどくさがりの人にオススメ］

遺言相続の難しさ……52
法定相続の問題となる場面……53
「何もしない」ことが選択肢として存在する……53

⑤ 相続にまつわる税務あれこれ ………………… 56
［相続税だけじゃない！］

相続開始前の段階……56
　○ 生前贈与も相続の一場面　56
　○ 贈与税（財産を取得した側）　57
　○ 譲渡所得税（財産を渡した側）　61
相続開始後の段階……62
　○ 相続税（財産を取得した側）　63
　○ 譲渡所得税（財産を残す側）　65
　○ 遺産の分け方と課税問題　66

第2章
相続開始後の道 [法定相続編]

① 相続道の全体図 …………………………………… 72
[法定相続とは!?]

どんなとき相続が始まるか [開始要件] …… 72

誰が相続人か …… 74
- ○ いくつかの基本ルール　74
- ○ 相続人の調べ方　80

何が相続されるのか [相続財産] …… 84
- ○ 引き継がれるものとそうでないもの　84
- ○ 望ましくない相続　87

どのように相続されるのか [相続分] …… 89
- ○ 単純承認と法定単純承認　89
- ○ 法定相続分から具体的相続分へ　98

② 正しい共同相続 …………………………………… 112
[それは長い闘いのはじまり]

何を分割するのか …… 112

分割の対象とならないもの …… 118

分割の仕方 …… 122
- ○ 依頼人、相談者からの聴取と受任　122
- ○ さてどのように… [分割協議・調停・審判]　130

相続分あげます …… 137
- ○ 相続分処分でどうなるか　138
- ○ 相続分の取戻請求は速やかに　142

③ どうやって資産を移すのか …………………… 146
[法定相続の財産移転]

- ○ 預貯金資産　146
- ○ 不動産　152
- ○ 有価証券　153
- ○ その他の財産　154

④ 相続財産の清算 …………………………………… 160
[手続選択は慎重に]

債務があるが資産はほしい［限定承認］…… 160
- ○ 主　体　161
- ○ 具体的手続とその煩雑さ　161

利用されない財産分離［財産分離］…… 165
- ○ 財産分離が使われる場面　165
- ○ 第一種財産分離とは　166
- ○ もう一つの財産分離（第二種財産分離）　168

相続人がいない！［相続人の不存在］…… 169
- ○「相続人の不存在」ってどういう場合？　170
- ○ 誰がどんなときに申し立てることになる？　172
- ○ 相続財産が法人として扱われる（民951）ことの意味　173
- ○ 相続財産管理人の仕事　174

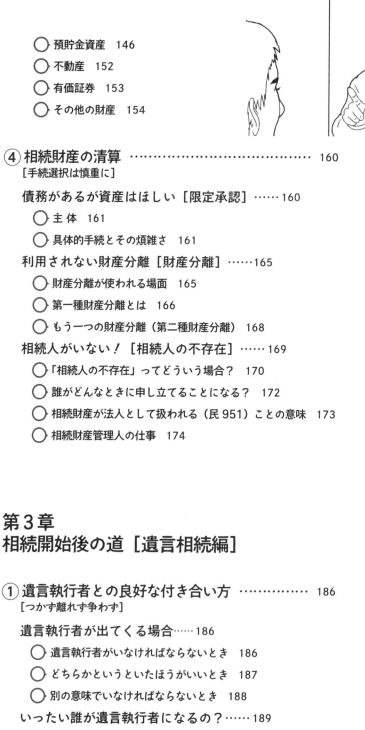

第3章
相続開始後の道［遺言相続編］

① 遺言執行者との良好な付き合い方 …………… 186
[つかず離れず争わず]

遺言執行者が出てくる場合…… 186
- ○ 遺言執行者がいなければならないとき　186
- ○ どちらかというといたほうがいいとき　187
- ○ 別の意味でいなければならないとき　188

いったい誰が遺言執行者になるの？…… 189

人はどうやって遺言執行者になるの？……191
- 幸いにも遺言執行者の指定があるとき　191
- 残念なことに指定がないとき、いなくなったとき　193

遺言執行者の権利と義務……194
- まずは身分事項に関して　196
- 財産に関する遺言執行の進め方　197
- 遺言執行者の負う責任　198

遺言執行者とどう付き合うべきか……199
- まだ遺言執行者が就任していないとき　199
- 就任したり選任されたりしたあとは　200
- 遺言執行者とのかしこい距離の取り方　201
- 遺言執行者の解任　207

②相続権を害する遺言が辿る道 …………………
[遺留分減殺請求権]

どうやって守られるか［遺留分の範囲］……210
- 遺留分はそもそもどんなもの？　210
- 遺留分の具体的内容　212

どうやって守るか［行使上の注意点］……224
- 期間制限　224
- 行使方法　227

遺留分はなくせない？［遺留分の放棄］……237

③「相続させる」旨の遺言の考え方 …………… 242
[ややこしいけど避けられない]
- なぜ「相続させる」旨の遺言が生まれたのか　242
- 「相続させる」旨の遺言が物議を醸す理由　243
- そこで出された平成3年判例　244
- 「相続させる」旨の遺言と代襲相続について　246
- 相続人以外の者への「相続させる」旨の遺言　247

④ どうやって資産を移すのか ……………………… 248
［遺言相続の財産移転］

　預貯金資産……248
　　○ 遺贈の場合　249
　　○ 相続手続の場合　250
　不動産……251
　　○ 遺贈の場合　251
　　○ 相続手続の場合　252

付録　民法改正が〝相続法〟にも

改正相続法を押さえよう ……………………… 256
［変わったものは仕方がない］

　遺留分制度の全面的な改定……256
　配偶者居住権（長期・短期）の新設……259
　　○ 配偶者居住権（長期居住権。新民1028）　259
　　○ 配偶者短期居住権（新民1037）　261
　　○ 配偶者居住権、配偶者短期居住権のポイント　262
　自筆証書遺言が少しだけ簡単に！
　法務局保管制度始まる。……263
　長期婚姻夫婦での不動産贈与に
　持戻し免除の意思表示を推定……265
　相続で取得した財産でも法定相続分を超える部分は
　対抗要件具備が必要……266
　遺産分割前の遺産処分について……268
　相続人以外の親族に認められる金銭請求権、
　「特別寄与料」……269
　遺言執行者の権限の明確化……270
　遺産分割前でも預貯金が使える！？
　仮払制度の創設……271

凡　例

◆**法律名略称**

　　民……………………………民法

◆**判例略称**

　　最判（決）………………最高裁判所判決（決定）

　　高判（決）………………高等裁判所判決（決定）

　　地判……………………地方裁判所判決

　　家審……………………家庭裁判所審判

　　大判（決）………………大審院判決（決定）

◆**判例集等略称**

　　民集……………………最高裁判所民事判例集

　　大民集…………………大審院民事判例集

　　民録……………………大審院民事判決抄録

　　集民……………………最高裁判所裁判集民事

　　家裁月報………………家庭裁判月報

　　判タ……………………判例タイムズ

　　判時……………………判例時報

　　金法……………………旬刊金融法務事情

　　評論全集〔民法〕…………法律学説判例評論全集（民法）

　　新基本コンメ・相続……松川正毅・窪田充見 編『新基本法コンメンタール 相続』
　　　　　　　　　　　　　　（日本評論社）2016

◆**カッコ書においては、下記例の略語を用いた。**

　　民 889 Ⅰ①………………民法 889 条 1 項 1 号

＊本書の内容は、平成 30 年 11 月 22 日現在の法令等によります。

第1章
相続開始前の道

① まずは全体のイメージを

［遺言相続と法定相続］

相続は相談を受けることがかなり多い問題です。けれど相続事件では相続分や、遺留分、遺言の取扱い、資産の評価、税務など、同時に検討しないといけない要素がけっこう多く、漫然と引き受けてしまった場合、事件処理がひどく散漫なものになりがちです。これは、世の中に多くの散漫な相続事件処理がみられることからもわかるというものです。曖昧な知識では相互に混同しがちな概念も多いので、まずはできるだけわかりやすく、かつ簡潔に相続案件の類型を概観しましょう。

そもそも相続ってなに？

じつは難しい"相続"の定義

相続は人が死亡することによって開始するわけですが（民882）、そもそも「相続」っていったい何なんでしょうか。

あまりにも当たり前のことのように考えてしまいがちで、実際、普段きちんと考えることは少ないはずです。ここで一度落ち着いて確認しておくのもいいかもしれません。

相続は、人の持つ法律上の地位、つまりその者に属した**一切の権利義務を、死後、特定の人に包括的に承継させること**を言うとされて

います（民896）。

　「相続」というものの具体像が少し明確になったような気がしませんか。逆に言えば、この要件に当てはまらない権利義務の承継は「相続」にはあたらないということになりそうです。

　死亡後、**特定の権利義務だけを**ある人に承継させるような場合は、それは少なくとも「相続」ではないということになるでしょう。

　また、この相続の定義が身についていれば、世間でしばしば使われる「生前相続」なる語に少なからず違和感を感じることができるはずです（世の中には「死後相続」という語もあるようです。こうなるともう何が何だかわかりませんね）。

　この定義からすると、特定遺贈が相続ではないことは明らかですが、包括遺贈はどうでしょうか。若干モヤモヤします。そもそも遺贈と相続とは区別されるもののはずなのですが、実務では遺贈もひっくるめて「相続問題」という言い方がされます。そのため、本書でも「相続」を**遺贈を含めた死後の権利義務承継**という意味で用いる場合があります。ここもモヤモヤしますが先に進みましょう。

　"相続"が必要とされる理由

　なぜ「相続」という制度が必要になるのでしょうか。

　実務上は、このレベルで疑問を抱くのは無意味を通り越してむしろマイナスなような気もしますが、せっかくなので少しだけ考えてみましょう。

　よく「お金を持って死ねるわけじゃなし」ということが言われますが、これはまったくそのとおりで、人が死んでも、それによって持っていた財産や借金はその人と一緒に消えてなくなりはせず、そのまま社会に存在し続けます。

　帰属主体がなくなった以上、権利も義務も消滅するという考え方も成り立ちそうですが、少なくともわが国の法制度は（一部の例外を除き）人の死亡によっても権利義務は消滅しないものと定めています。

ところがこれらの、主（帰属主体）を失った権利義務の引受先が決まらないと、債権者や債務者などの利害関係人、ひいては社会経済に大きな支障が生じてしまいます。
　また、被相続人の資産を生活の資とする家族にとっては、それを引き継ぐことによって生活を成り立たせるという必要も大きいでしょう。
　そこで、残された財産や負債の処理の仕方を定めておく必要があり、このために用意されたのが「相続」というシステムなのです。

相続問題を捉える視点の大切さ

 ## ポイントは全体像の把握

　相続の相談を受けたとき、相続関係や特別受益の有無、資産・負債の内容など、頭に思いつくままに相談者にいろいろな質問をしてしまい、結果、必要な事実や事情の聴き漏らしが生じたり、事案の把握自体がモヤッとした曖昧なものになってしまったりすることはありませんか。あるでしょう。きっとあるはずです（ない場合は次へ進んでください）。
　これは**相続という事象の捉え方があなたの中で定まらないために生じてしまう問題**です。
　人の生き方が多種多様であるように、相続問題にもいろいろな形、様相のものがあります。資産の有無・種類や相続人の承継の仕方などいろいろな切り口があり、角度が違えば当然見方も異なります。
　そのため、**事案を捉える視点がブレると**、どうしても個別の特別受益や相続人間の具体的な精算関係など枝葉末節に目が向き、**つい全体像の把握がおろそかになってしまう**のです。
　このように事案の把握が不完全な場合、案件の処理を進めていく中で五月雨式に浮かび上がってきた問題にそのつど対処するという、よく言えば臨機応変、悪く言えば場当たり的な対応とならざるを得ません。
　貸金返還や賃貸借といったある程度限定された事実・法律関係を争う

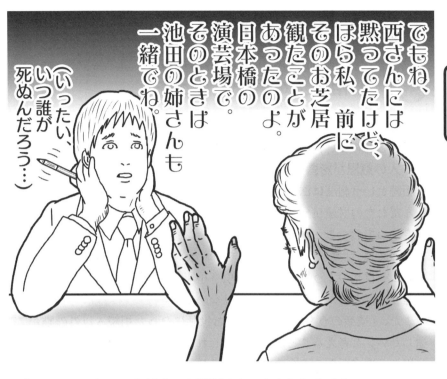

第1章 相続開始前の道

だけなら、そういった対応でも問題はないかもしれません。

ところが、相続問題には、被相続人と相続人ら関係者の長年にわたる人間関係、経済的なつながりの総括といった側面があり、短期間に考慮・検討し、方針を決めるべき事項も多くなるのが通常です。このあたりのどうしようもないメンドクサさが、ある意味、相続問題を扱いにくくさせている原因の一つではないかと思っています。

そのような事案で、場当たり的な対応で処理しようとすると、どうしても処理が後手に回りがちになります。

これを防ぐためには、**相続という事象を捉える定まった視点を持ち、それに従って事案を把握・処理していくという姿勢**が大切です。

そして、その出発点として、**遺言相続と法定相続**という2つの類型に分けて考えることは非常に有用ですよ、というお話です。

なお、相続問題の法律相談を相続人から受けたときの対応については第2章「2 正しい共同相続」の中で（→122頁）。

遺言相続と法定相続

"被相続人の意思" がカギ

相続には、大きく分けると**遺言相続**と**法定相続**の2つがあります。

両者の違いは、「**遺産の処分を決める際に、遺言という形で示された本人の意思が影響するかどうか**」です。

相続という制度は法律上認められるものですが、被相続人は、自分が死んだときの財産処分の方法を、生きている間にあらかじめ自分である程度決めておくことができます。

たとえば、「妻には遺産の何割を引き継がせる」というようにです。それこそ童話のように長男には粉引き小屋を、次男にはロバを、三男には猫を相続させたいというのもアリなのです。

また、「遺産のうちいくらかを、お世話になった相続人以外の誰かに遺したい」と考えることもあるかもしれません。たとえば本人が自由な意思で「遺産となる預金のすべてを公益的な法人に寄附したい」というのであれば、その思いはやはり尊重されなければなりません。

人には自分の財産をどのように処分するかを決定する自由がありますが（私的自治の原則）、これが自分の死後の遺産処分の場面についても認められているということですね。

この被相続人の意思を示すものが遺言にほかなりません。

ところが、私がそうであるように、世の中の多くの人は、幸か不幸か、自分がいつ死ぬかを普段意識することなく生活しています。また、残念ながら、不慮の事故などで命を落とし、不幸にも突然被相続人になってしまうということがあります。

そのため、**相続しようにも遺言がないというケースが頻発する**わけですが、被相続人の意思が遺されていないと資産や負債の承継ができないというのでは、先に書いたように相続人の生活が脅かされるおそれがありますし、利害関係人を含む社会全体の経済活動も停滞しかねません。

そこで、被相続人の意思（遺言）がない場合について、民法は相続の一般的ルールを定めており、このルールに従って行われる相続が「法定相続」だというわけです。

 ## 相続の原則と例外

　世の中の相続の場面を見渡すと、遺言があるケースよりもないケースのほうがずっと多く（条文でも一般的ルールである法定相続分［民900］が遺言による相続分の指定［民902］よりも先に挙げられています）、ともすれば法定相続が原則で、遺言相続が例外であるかのように考えられがちです。

　ところが、私的自治の大原則からすれば、個人（のちの故人）の意思で遺産処分が行われる遺言相続のほうが原則的な形だと考えるのが正しいように思われます。

　この、一見どっちでもよさそうな原則・例外論ですが、遺贈や相続割合・遺産分割方法の指定、持戻し免除といった被相続人の意思が関わる相続上の諸問題をすっきり頭の中で整理して吸収する下地としてはそれなりに重要な意味がある、かもしれません。

　本書でも、この遺言相続と法定相続に分けて、相続問題を検討していくこととします。

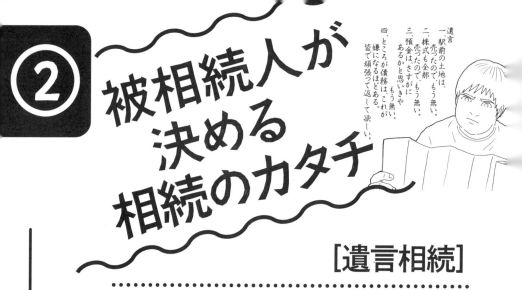

②被相続人が決める相続のカタチ

[遺言相続]

　相続には大きく分けると**遺言相続と法定相続**の2つがあるということはついさっき書きました。
　遺言相続では、遺す側（やがて死ぬ者）と、遺される側（相続する、遺贈を受けるなどする者）という両者の視点を意識しておく必要があります。そこで、まずは遺す側の視点から、遺言相続とは何かを考えてみましょう。

遺言と遺贈、整理できていますか？

遺言で行う財産処分が「遺贈」

　被相続人となる者は、遺言で遺産をどのように処分するかを定めることができ、これを「遺贈」といいます（民964）。条文上は、「包括又は特定の名義で、その財産の全部又は一部を処分すること」とされています。
　遺贈は、遺言を作成する場合の極めて重要な動機・目的であり、実際に利用される頻度も高いものです（遺贈以外にもできることは多いのですが、とかく遺言といえば「財産の遺し方を定めておくもの」という見方が根強くあります）。

遺贈というと、慣れないうちは相続人以外の者が受遺者となる場合をイメージしがちで、実際にもそのようなケースは多いのですが、**相続人である者に対して遺言で財産処分を行う場合**も遺贈にあたります。

なお、実務上、遺贈と混同しやすい概念として、**遺産分割方法の指定**（民908）があります。

> この点は、特に「相続させる」旨の遺言の解釈をめぐって重要なので、第3章で詳しく触れます（→ 242頁）。

遺産分割方法の指定というのは、要するに残された財産を現物分割させるのか、売却して分けるのか、代償分割させるのか（あるいはこれらを組み合わせるのか）といった、文字どおり**「遺産の分け方」を故人の意思として被相続人が残しておくこと**ですが、概念的に相続分の変更までは含みません。

遺贈も遺産分割方法の指定（民908）も、「遺産を誰にどのように引き継がせたいか」という被相続人の意思を示すためのツールという点で共通しますが、後者は（遺産分割ですから）相続人が財産の承継者として想定されており、相続人以外の者は含まれていません。

そして、この方法による財産取得は「相続による承継」となります。この点は、遺贈との形式上の大きな違いです。

遺贈は、受遺者が遺言者より先に死亡した場合に失効してしまいますが（民994 Ⅰ）、遺産分割方法の指定の場合には、指定を受けた相続人が先に死亡した場合でも直ちに効力を失うわけではありません。

> ただし、「相続させる」遺言についてその内容での代襲相続を否定した最判平成23年2月22日について（→ 246頁）。

また、被相続人が特定の不動産を誰かに遺してやりたいなと考えたとき、それが遺産分割方法の指定であれば指定を受けた相続人は単独で所有権移転登記手続ができますが（昭和47年4月17日民事局通達）、遺贈の場合だと受遺者は相続人と共同で登記手続の申請をしなければならないという煩雑さがあります。

なんといっても不動産のやりとりですから、「協力してよ」「ああいいよ」と簡単に事が運ぶケースばかりではありません。

こう考えてくると、遺産分割方法の指定のほうが遺される側にとって

有利にも思えます。ところがどっこい、必ずしもそうとばかりは言い切れません。なんかイライラしてきますか？

たとえば、遺贈は、気に入らなければその部分を単独で放棄（民986Ⅰ）できるのですが（→23頁）、遺産分割方法の指定の場合は、ありがたくなくても財産の「相続」なわけですから、相続放棄（民915Ⅰ）の手続をとらなければなりません。しかもこの場合、相続人の地位自体を失ってしまうというダイナミックな展開になります。

> 相続人の合意でこれと異なる分割協議をした場合、有効となる余地はあります。

あとはやや細かい点だと、遺贈の場合、農地の承継には農地法3条の許可が必要だけれど、遺産分割方法の指定だとこれがいらないというのもあります。

遺産分割方法の指定と遺贈がややこしくてごっちゃになりやすいのは、実務家の側の定義・概念の整理がしっかりできていないのも一因ですが、

これらの両方が遺言でできるとされていること（民908、964）、そして（公正証書遺言であっても）遺言書の書き方が必ずしも一定せず、パッと見たときにどちらの趣旨であるかがわかりにくいことが一番の問題ではないかと思います。

　話はさらに逸れますが、遺産分割方法の指定とごっちゃになりやすい概念として**相続分の指定**（民902）があります。

　これも遺言で行うことができるのですが、遺産分割方法の指定と組み合わせて用いられることもけっこうあり、これはこれで厄介です。

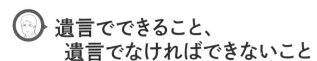

こちらについてはあとで詳しく触れます（→13頁）。

遺言でできること、遺言でなければできないこと

　遺言というと、社会一般の意識としては、財産の内容やその分け方、家族のこれからの生き方について、故人の意思や想いを遺しておくものというイメージが強いところです。

　私も「遺言で認知をしたいから遺言書を作りたい」という相談は受けたことはまだありません。ですが、相続案件を扱う者として、**遺言で何がどこまでできるのかは知っておくべき**です。

　というわけで実際に民法の定めを見てみると、財産の処分以外にも重要そうな定めがいくつかあります。ただ、不親切にも条文が心憎いほどに散在しているため、ここでまとめて拾い上げておきましょう。

　以下のうち、★印を付したものは遺言でなければできない事項、【遺言執行】と付したものは遺言執行者による執行行為が必要な事項です。

① 認　知（民781Ⅱ）【遺言執行】

　　子の認知を遺言で行う場合です。生前でもできるのになぜわざわざ遺言でしようとするのか、なぜ自分の死亡の時まで後ろ倒しにしようとするのか、やや理解に苦しむ部分があるかもしれませんが、そこは察してください。

想定されるケースとしては、生前に認知をしてしまうと親族関係を中心に混乱が生じてしまうような場合に、自分の死亡と同時に認知の効果を発生させたいというような場合でしょうか。そうなると秘密証書遺言やこっそり作成する公正証書遺言で行う場合が頭に浮かびますが、認知される側や家族は蓋を開けてみてびっくりといった感じです。

私自身は社会経験が乏しく適切な活用場面の想像が困難ですが、いずれにせよとにかく遺言でも認知ができるということです。

② 未成年後見人・未成年後見監督人の指定（民839Ⅰ、848）★

未成年者に対して最後に親権を行う者、たとえば配偶者が亡くなったあとに一人で親権者として子を育てている父や母などは、自分が死んだときのために未成年後見人をあらかじめ遺言で指定しておくことができます。

適切な人選が望まれるところであり、できれば未成年者自身の意見も考慮して指定したいものです。

③ 遺贈（民964）

先に見たように（→8頁）、遺贈は遺言の重要な目的の一つです。

④ 推定相続人の廃除および取消し（民893、894Ⅱ）【遺言執行】

被相続人に対して虐待や重大な侮辱を加え、あるいは著しい非行がある推定相続人（ただし、元から遺留分のない兄弟姉妹は除きます）に対し、被相続人は家庭裁判所に廃除（民892）を請求することができます。

とはいえ、現に虐待してきている親族について廃除の申立てを行うことは、いろいろと難しい場合もあるでしょうから、こちらも認知（民781Ⅱ）と同じく、目に触れない遺言の形でひっそりと意思を残しておく意味がありそうです。

もっとも、それだけで廃除が問題なく認められるわけではなく、遺言で廃除が定められている場合、相続開始（遺言発効）後、遺言執行者が遅滞なく家庭裁判所に廃除の請求をしなければなりません（民893）。

廃除が認められる要件や手続が厳格だという点は、被相続人自身が生

前に家庭裁判所に請求する場合と変わらないことになると考えたほうが
いいですね。

⑤ 相続分の指定または指定の委託（民902Ⅰ）★

**遺言で相続分の指定をしたり、あるいはその相続分の指定を誰かに
委託したりということも可能です。**

　こちらは、法定相続割合と違った割合で各相続人に相続させるよう指
定する行為を意味します。配偶者と子2人が相続人となる場合、法定相
続割合は配偶者が2分の1、子らがそれぞれ4分の1となりますが、こ
れをたとえば配偶者に5分の3、子らにそれぞれ5分の1と指定するよ
うな場合です。

　ただし、**相続分の指定は遺留分に関する規定に違反することができ
ません**（民902Ⅰ但書）。これは、そのような相続分の指定自体（あるいは、
そのうち誰かの遺留分を侵害する部分）が無効となるのではなく、遺留分減
殺請求（民1031）の対象となるということです（ただし、改正→256頁）。

　なお、相続人はその相続分に応じて被相続人の権利義務を承継するの
で（民899）、この相続分の指定を行った場合、**相続人が負担するべき相
続債務の割合もそれに従って変更される**ことに注意が必要です。

　相続債務は全員に均等に負担させたいが、遺産は長男に多く取得させ
たいというのであれば、相続分をいじるのではなく、生前贈与や遺贈を
検討することになります（相続の、特に遺す側の場面では「この場合にはこの
制度は使えないから別の方法で」ということがけっこうあります）。

　ちなみに**相続分の指定の委託**についてはやや注意が必要です。

　誰しも、関係のない他人がプライベートな問題に口を出してくるのは
愉快でないものです。それが相続という高度に「身内の問題」的要素の
強いことがらであればなおさらで、事情のよくわかっていない第三者に
相続分の指定が丸投げされた場合、相続人らの反発は必至でしょう。

　かといって、相続人のうち誰か一人に指定を委託するとさらに凄惨な
状況に至るおそれがあります。ここは想像力を働かせてください。

　遺言というのは、自分の死後の混乱や相続人間での紛争を避ける目的
で残すことが多いわけですが、遺言をしたために、かえって紛争の火種

をまき散らす結果となるのでは何の意味もありません。

　遺言書を作成しようとする場合、相続分の指定の委託についてはその適否を慎重に考える必要があります。

⑥ 遺産分割方法の指定または指定の委託（民908）★

遺言で遺産分割の方法を指定したり、あるいはその分割方法の指定を誰かに委託したりということも可能です。

　たとえば、不動産は妻に、預金は長男に、自動車は長女に、といった感じで分け方を指定するという形です。

　この遺産分割方法の指定委託についても、安易に行うのではなく遺言者においてその要否・適否を慎重に考えるべきであることは、相続分の指定委託の場合と同様です。

　さて、「遺産分割方法の指定」（民908）と聞くと、単に分け方の指定がなされただけであって、相続人はそれに従った遺産分割を行う必要があ

りそうに思えます。ところが、遺産分割方法の指定が行われた場合には、何らの行為を要せずに、被相続人の死亡の時（遺言の効力の生じた時）に直ちにその遺産が指定された相続人に承継されることになります。この点は、第3章で詳しく述べます（→ 244頁）。

⑦ 遺産分割の禁止（民908）★

これまで繰り返してきたように、遺言は遺産を分割する方法・内容について、被相続人の意思を残すために行うという意味合いが強いのですが、遺言で遺産分割自体を一定期間禁止することもできるのです。

この分割の禁止は、遺産全体について指定することもできますし、そのうち特定の一部の遺産についてのみ分割を禁止することもできると解されています。

ただし、この期間は5年を超えることができません（民908）。

主に想定されているのは、相続人中に生活状況や年齢、心身の状態などに鑑みて、当面の間、遺産分割協議を進めるのが相当でないと考えられる者がいる場合などで、時期尚早な分割による弊害を防ぐことができます。

ただし、遠い将来の事情は不透明であるほか、分割禁止の認められる期間も最長5年と短いため、これが有効に活用され得るのは、遺言者が遺言の時点で自分の相続開始が近いことを悟っているような場合ではないかと思われます。

⑧ 特別受益の持戻し免除（民903 Ⅲ参照）

相続人に対して行った生前の贈与のうち特別受益となり得るものについて、具体的相続分算定の際に考慮しないよう被相続人が希望する場合、そのことを遺言の中に記載しておくことで持戻しの免除を行うことができます。

特別受益の持戻しとはまったくわかりにくい日本語ですが、要するに、各相続人の具体的相続分を算定するために、相続人が被相続人から受けた一定の生前贈与を特別受益として相続開始時の相続財産に加算することを言います。

遺留分算定の場合と異なり、**持ち戻す生前贈与には「相続開始前1年以内」というような期間制限がない**ことに注意が必要です（ただし、改正→258頁）。

　遺留分の場合は、相続人の生活保障という意味合いがありますが、その期待は、相続開始時やそれに近接した時点で被相続人が有していた実質的なプラスの財産に向けられています（遺留分算定の際に相続債務が控除されるのもこのためです）。ところが**具体的相続分算定をどのように行うかは相続人間の公平性の問題なので、格別期間を限定する必要は本来ありません**（なお、こちらの場合は相続債務の控除も行われません）。これが上記のような違いとなってあらわれるのです。

　特別受益とその持戻しは、しっかり理解しておかないと大恥をかいてしまうおそれがあります。過去に大恥をかいたことのある私が言うのだから間違いありません。

そこで、これは第2章でまた触れます（→98頁）。

⑨ 共同相続人間の担保責任に関する指定（民914）★

　共同相続人は、互いに他の相続人に対して、自らの相続分に応じて担保責任を負い、一部の相続人が相続で承継した財産に瑕疵があったとき、ほかの相続人に対して、その相続分に応じて責任負担を求めることができる場合があります。

　たとえば、遺産分割の結果、弟が債権を取得したものの、実際には債務者が行方不明で額面どおりの回収など到底できないどうしようもないクズ債権だったといった場合、弟は悲惨です。そして、このとき弟は、兄や母など、ほかの相続人に対してそれぞれが分割で取得した財産の割合で負担を求めることができるというわけです。

　ところが、これも被相続人が意思を遺言にしたためることで、特定の遺産や相続人に対する担保責任を排除したり修正したりが可能になるということですね。

　この担保責任が遺言で排除された結果、特定の相続人が実質的に分割で得た利益が遺留分に満たなくなってしまうという場合が考えられますが、このときには他の相続人に対して遺留分減殺請求が可能になると考

えるべきでしょう（新基本コンメ・相続125頁）。

　ただ、内容からも想像されるように、ここまで自分の相続に口を出したがる被相続人は多くはなく、実務で目にすることはあまりありません。

⑩ 遺贈の遺留分減殺方法の指定（民1034但書）

遺留分減殺は、遺贈（ここでは死因贈与も含みます）があればまずそれを減殺し、それでも足りない場合には後にされたものからさかのぼっていく形で贈与も減殺の対象にしていくことになります（民1033、1035）。

　で、遺言中に複数の遺贈がある場合は、その目的の価額の割合に応じて按分で減殺するのが原則です（民1034）。

　ところがこれも、被相続人が遺言で定めることで、減殺の方法を変えることができます。

遺留分減殺の具体的方法については第3章で詳しく見ます（→227頁）。

⑪ 遺言執行者の指定または指定の委託（民1006Ⅰ）★

被相続人は、遺言で、一人または複数の遺言執行者（→186頁）を指定しておくことができます。

　遺言執行者の指定は必ず遺言でしなければならず、生前、口頭で「誰々を遺言執行者にしたい」と述べていたというだけでは足りません。

　遺言執行者は自然人でも法人でもかまいませんし、財産に関する遺言執行については信託会社を指定することも可能です（信託業法4Ⅰ⑤の「信託業務以外の業務」）。

　公証人も遺言執行者になれるのですが、遺言公正証書を作成した公証人自身は利益相反となるおそれがあります（公証人法22③）。

　相続人や受遺者自身を遺言執行者とすることも可能で、この方法は現実に公正証書作成の際にも利用されていますが、一部の相続人の廃除（民892）などが遺言事項として挙げられている場合には、職務執行の公正を期待しがたく相当でないと考えられます。

　遺言執行者の指定自体を第三者に委託するということもでき、これも遺言でなければできない行為です。

　ただし、「遺言執行者は必要と思われるけれど、誰が適当かはわからな

いので誰かにその指定を頼みたい」という目的意識の明確な遺言者というのは余り多くありません。

やや細かい知識ですが、遺贈について**受遺者の選定を遺言執行者に委託する旨の遺言**の効力が争われた事案で、遺言での委託の内容がある程度特定されており、選定者（遺言執行者）の選定権濫用の危険がないとして、これを有効とした判例があります（最判平成5年1月19日・民集47巻1号1頁）。

ただ、この事案は遺言執行者指定の遺言と遺産を「公共に寄與する」という自筆の遺言を残した被相続人の意思について、その遺産の全部を法定相続人に取得させず、公共の団体に包括遺贈する趣旨であること、そのような団体の中から受遺者として特定の者を選定することを遺言執行者にゆだねる趣旨を含むものであること等を解釈によって補ったという少々ダイナミックな事案なので、先例としては一般化しにくいケースですね。

さて、遺言者は遺言で「一人又は数人の」遺言執行者を指定することができるわけですが（民1006Ⅰ）、この人数はどう考えるべきでしょうか。

なんでも多ければ良いというものではありませんから、基本的には、予想される遺言執行の内容（遺産の多寡や関係者との調整の困難さ）を元に人数を判断することになります。

遺言執行者が複数いる場合（共同遺言執行者の場合）、原則として、その任務の執行は過半数によることになります（民1017Ⅰ）。

ただし、執行の方針について共同遺言執行者間で意見が割れ、可否同数になってしまった場合にどのように判断すべきかについて民法は定めを置いてくれていません（遺言者が別段の意思を表示したときにはそれに従う〔同項但書〕とある程度です）。

たとえば2名の遺言執行者で意見が分かれどちらも折れない場合には、遺言執行を進めることができなくなるわけです。このときは1名を解任し、あるいは辞任してもらうか（民1019Ⅱ）、もう1名を追加選任（民1010）するといった面倒な処理が必要となり、これも遺言執行の無用な紛糾・停滞を招くこととなってしまいます。

お互いが相方の遺言執行者の解任請求を出したときにはどのようにな

るのか、知的好奇心がくすぐられる場面ではありますが、その間待たされる関係者が少し気の毒ではあります。

複数選任が必要と見込まれる場合は、可否同数とならないよう奇数名の執行者を指定しておくか、あるいは遺言中に「可否同数の場合は最も年長の執行者の意見に従うものとする」といった「別段の意思」を定めておくほうがよいでしょう。

⑫ 祭祀承継者の指定（民897Ⅰ）

系譜、祭具、墳墓といった祭祀財産の承継者は、「慣習に従って祖先の祭祀を主宰すべき者が承継する」のが原則です（民897Ⅰ本文）。ただし、被相続人がこれと異なる指定をしたときはその者が承継することになります（同但書）。

条文上、「被相続人の指定」とあるのみですので、この指定は遺言でしなければならないというわけではありませんから、生前、口頭で述べていた場合にも指定は有効です。

なお、他の部分で触れる予定がないので、ここで「そもそも祭祀財産って何？」というお話を。

「系譜」は家系図や過去帳など祖先以来の系統を示すもの、「祭具」とは位牌、仏壇、仏具、神棚など祭祀・礼拝に用いるものをいいます。

また、「墳墓」には墓石、墓碑だけでなく、その所在する土地（墓地）の所有権や墓地使用権も含まれます（大阪高決昭和59年10月15日・判タ541号235頁）。もっとも、墳墓と密接不可分な範囲に限られますので（広島高判平成12年8月25日・判時1743号79頁）、広大な一筆の土地の一部に墓が一基あるからといって、一筆の土地全体が祭祀承継者が管理する財産だと評価できるわけではありません。

遺骨も祭祀を主宰すべき者に所有権が帰属します（最判平成元年7月18日・家裁月報41巻10号128頁）。

祭祀財産も財産ですから所有権の対象となるのですが、そもそも相続財産ではないので遺産分割の対象とならず、祭祀承継者となる者に所有権が帰属するのです。

⑬ 遺言の撤回（民 1022）★

条文には「遺言者は、いつでも、遺言の方式に従って、その遺言の全部又は一部を撤回することができる」とあります。

遺言者は死ぬまでであればいつでも遺言を自由に撤回できるのです。

「取消し」ではなく「撤回」とされるのは、遺言が遺言者の死亡によってはじめて効力が発生するためです（民 985 Ⅰ）。初耳かもしれませんが、「撤回」は「効力発生前に効力を否定する場合」に用いられ、効力発生後に効力を否定する「取消し」と区別されるのです。勉強になりますね。

遺言の撤回は、遺言の方式でしかできません。ですから、代理人が行うことはできず、遺言者本人が行う必要があります。ところが、遺言で「先の遺言を撤回する」と明示的に撤回しない場合でも、前の遺言と後の遺言が相反する場合など、結果として撤回したのと同じ効果が生じてしまうケースがあります（民 1023、1024）。

どうでもいい話ですが、相続の場面でぽっと出の秘密証書遺言が出てきて、前の公正証書遺言が撤回された場合、相続人や受遺者等の関係者はどのような表情をみせるのでしょうか。非常に興味深い問題です。

⑭ 信託の設定（信託法 3 ②）

民法上定められているものではありませんが、遺言で信託の設定を行うことができます。これは一般に「遺言による信託」（信託法 3 ②）と呼ばれています。

信託法上の信託は類型を大きく分けると、この遺言による信託のほか、信託契約によるもの（同①）、自己信託（同③）があるのですが、近時の民事信託（商事信託に対する概念）の盛り上がりの中にあっても、信託会社の提供する「遺言代用信託」（信託法 90）などに比べ、遺言による信託はあまり利用されているようには思えません。

これには、遺言による信託が相続の開始により信託が開始されるものであるため、被相続人が自己の死後に、適切に信託が設定されるかについて不安を感じるからではないかということが指摘されています。

さて、ここまで遺言でなければできないこと、遺言でできることを見てきました。

ちなみに、「遺言でなければできない」ということにはどういう意味があるのでしょうか。要するに、**遺言書の厳格な要式性が守られなければ故人の遺志を実現できない**ということです。

遺言の要式性については、あとで詳しく見ます（→26頁）。

また、少し細かい知識ですが、**生命保険の保険金受取人の変更も遺言で可能です**（保険法44Ⅰ）。その被相続人が保険契約者となっている生命保険について、遺言で保険金の受取人が変更されてしまう場合があるということですね。この場合、相続人から保険会社への通知が対抗要件になります（同Ⅱ）。

これ以外では、一般財団法人の設立（一般社団法人及び一般財団法人に関する法律152Ⅱ）がありますが、事例としては少ないため、遭遇したときに調べても遅くはないと思います。たぶん。

遺言ができる人、できない人

遺言は、遺言能力を有している者が法定の方式に従って行うことができます（民960〜963）。この「遺言能力」という表現は曖昧ですが、具体的には**満15歳**に達していること、**意思能力**を有していることの2つの要素からなります。これが遺言の時、つまり遺言書を作成する時点で必要となります（民963）。

それぞれ、少し詳しくみておいたほうがよい気がします。

まず、遺言を行うには、満15歳に達している必要がある、という点ですが、**未成年者であっても、成年被後見人や被保佐人、被補助人であっても、満15歳以上で遺言能力を有していれば、遺言はできる**ということです。

普通、厳しく育てられた人、甘やかされた人を問わず15歳、つまり中学3年生程度にもなれば、自分で欲しい物を買ったり人に物をあげ

たり逆に贈られたりというように、それなりの社会経験をしてきているはずです。

なので、通常は15歳に達していれば、特別な事情がない限り一定の判断能力があるため、遺言能力があるとしてよいだろうということで、民法が満15歳というラインを設定したわけですね。

なお、人によっては15歳未満でもそれくらいの分別はできているという人もいるかもしれません。私自身も12歳のころにはすでに相応に利発だったというかすかな記憶があります。

ですが、法で満15歳というラインが引かれている以上、これに達しない年齢の者の行った遺言は**無効**です。厳しいものですね。

また、遺言も法律行為ですから、それを行うには意思能力、つまり遺言の意味やそれによって生じる効果を理解できるだけの能力があることが必要です。ただ、高度な法的知識を有していることまでは求められていません。

裁判例を見ると、ここでいう意思能力は、事理弁識能力と（用語として）必ずしも明確に区別されていない印象があります（大阪高判昭和60年12月11日・判時1185号115頁等）。

様式以外の点で遺言の有効無効が争われる場合、遺言の真否とともに、遺言を行った当時、遺言者（被相続人）に意思能力があったかなかったかという点が問題とされることが多くなります。一方、「行為能力がない状態での遺言だったから無効だ」という争いは生じません（民962）。

とはいえ、先に見たように（→ 10 ～ 21頁）、遺言でできることには、単なる財産の分け方や対象の指定だけでなく、認知（民781）や特別受益の持戻し免除（民903Ⅲ）、さらには一般財団法人の設立（一般社団法人及び一般財団法人に関する法律152Ⅱ）、信託の設定（信託法2Ⅱ②、3②）なんかも含まれてきます。

一口に「遺言の前提となる意思能力＝遺言の意味や効果を理解できるだけの能力」と言っても、その内容は一律に定まるものではなく、ケースや遺言で遺す内容によって異なり得るということは視点として持っておいたほうがよさそうです。

成年被後見人でも意思能力がある場合には遺言ができる、と書きました。

成年被後見人は事理弁識能力を欠く常況にあるとされる人ではあるので（民7）、基本的に意思能力（遺言能力）も欠く状態にあると考えられます。ところが、時と場合により意思能力が復活するということがあり、そのときには医師2名以上が立ち会い、決められた方式で遺言書に署名押印することで遺言をすることができるのです（民973）。

　逆に言えば、後見開始の審判を受けている者の場合には、この医師2名以上の立ち会いと署名押印という方式を守っていないと遺言は無効とされてしまうので、「でも、当時意思能力を回復していたんだから…」としてその有効性を主張することは認められません（東京地判平成27年9月14日・判例集未登載〔平成27年（ワ）2169号〕参照）。改めて遺言の要式性を思い知らされる一場面でしょうか。

　被保佐人や被補助人は、成年被後見人と異なり、保佐の開始、補助の開始は、本人が意思能力を欠いていることを意味するものではありません。が、それでも常に本人に意思能力があることが担保されているわけでもありません。

　世の中には、事理弁識能力が相当程度低下しているけれども、いまだ後見開始の審判を受けていないという状態の人はいくらでもいるものです。

　被保佐人、被補助人が遺言をするケースでも、「遺言書作成の時に父は意思能力を失っていたんだから」として遺言の有効性を争われるおそれはゼロではないということですね。いや、むしろ争われる可能性は高いとみておくべきです。

　代理人などで遺言書作成に関わる場合には、この点を意識して、後に遺言能力を争われることのないよう、あるいは争われたとしても反駁できるような手立てを考えておく必要があるというわけです。

遺贈は受遺者が放棄できる

　遺贈は遺言者の自由な意思で一方的に行うことができ、また、その対象も相続人に限られません。他方、受遺者とされた者の側も、それを受けるか拒否するかの自由があります（民986Ⅰ）。

　中には受遺者にとってありがたくない遺贈というものもあります。
　たとえば、到底管理できない遠方の原野や古い古い自動車を見ず知らずの人から遺贈されても困るでしょう。
　そういった場合、受遺者は遺贈の放棄を考えなければなりませんし、**遺贈する側も遺贈は受遺者に拒否されるかもしれないということを常に頭の片隅においておくべき**です。
　では、遺贈の放棄はどうやってすればいいのでしょうか。
　民法の定めを見ると、「受遺者は、遺言者の死亡後、いつでも、遺贈の放棄をすることができる」と書いてあります（民986Ⅰ）。
　特に厳しい様式の定めも期間制限もなさそうです。しかし、ここで注意が必要です。
　特定の財産を対象とする**特定遺贈**であれば、この定めどおりで問題ありません。遺贈を受ける前ならいつでも放棄ができますから、遺贈義務者から遺贈を承認するか否かの確認や催告（民987）があってから放

棄の意思を伝えても遅くはありません。

しかし、注意しなければならないのは**包括遺贈**の場合です。

遺産の全部やその割合的な一部分を対象とする遺贈である**包括遺贈の場合**は、ありがたいことに**相続人でない受遺者も相続人と同じ扱いを受けてしまいます**(民990)。「相続人と同一の権利義務」を有するため、割合的一部の包括受遺者は相続人との遺産分割協議を行うこととなりますし、プラスの財産だけでなく、受けた包括遺贈の割合に応じて相続債務を負担させられることにもなります。

のみならず、相続に関する手続規定が適用される結果、包括遺贈の放棄も相続放棄の手続に従い、相続開始後、包括遺贈があったことを知ったときから3か月以内に、家庭裁判所に相続放棄の手続をとらなければなりません（民938、915Ⅰ）。

遺言の類型と選択

遺言の類型

一口に遺言と言ってもいくつかの種類があります。

となると、遺言を残そうとする人はその中から自分に合ったものを好きに選べばよいのかというと、ことはそう単純ではありません。

すでに気づいている人もいるかもしれませんが、民法が用意している遺言の方式には、使いやすいものと必ずしもそうとは言えないものがあるのです。

ただ、複数ある遺言の方式を条文のまま覚えることにあまり意味はありません。それぞれがどのような特長を持ち、どういった場面で使うことが想定されているかという点を、ユーザーである遺言者の視点から考える必要があります。

原則として、遺言は自筆証書、公正証書または秘密証書の3とおりの方法のいずれかでしなければならないと定められており（民967）、

これら 3 類型が「普通方式」と呼ばれる遺言です。

　そのため、以下では、これら普通方式の 3 類型の遺言について、その内容と特長、それぞれの類型を選ぶ際のポイントを見ていきます。遺言の相談を受けた場合には、以下の記載を参考に、相談者からの意向聴取と方針決定を進めるようにしてみてください。

① 自筆証書遺言（民 968）

　自筆証書遺言で押さえておかないといけないのは、遺言者自身が全文・日付・氏名を自署し、かつ押印しなければならないということです（民 968 Ⅰ）。また、間違えた場合の訂正についても厳格な方式が定められています（同Ⅱ）（ただし、改正→ 263 頁）。

　自筆証書遺言は**その厳格な方式を守っている限り**、他人の関与なしに遺言者一人で作成することができるので、**まったく誰にも遺言書の存在自体を知らせずに作成しておきたいときに有用**です。これはほかの類型の遺言にない特長です。

　言ってしまえば、紙とペン、ハンコと朱肉があれば一人ですぐに作成できるので、遺言書作成だけでみた場合、コストがダントツに安いということも一応はメリットと言えます。

　ですが、他の 2 つの類型と異なり、公的・中立的な第三者の関与なく作成されるため、**後に遺言書自体の真否や遺言者の意思能力の有無をめぐって争いとなる余地が大きく**、これが自筆証書遺言の大きなデメリットになっています。

　遺言の有効性をめぐる相続人間の争いは泥沼化しがちで、紛争処理のコストもバカにならないので、「自分の死後はどうなろうと、とにかく遺言書作成の費用だけは可能な限り抑えたい」という特殊な場合でない限り、コストの優位性を強調することはできません。

　また、専門家の関与がないまま作成されることが多いため、**方式違背によって無効とされてしまうというリスク**も見過ごせません。

　なお、自分で字が書けない者、そもそも文字を知らない者は、遺言能力があったとしてもこの自筆証書遺言の方式によることができないので、公正証書遺言か秘密証書遺言の方式を選ばざるを得ません。

② 公正証書遺言（民 969）

次に公正証書遺言。これは、証人と公証人の関与のもと作成される類型の遺言であり、多少の費用がかかりますが、最も確実性が高く相続人間の紛争を惹起するリスクも比較的低い方法です。

証人 2 名以上の立会いのもと、遺言者が遺言の趣旨を公証人に口授し、公証人がこれを筆記して遺言者および証人（2 名以上）に読み聞かせ（または閲覧させ）、遺言者と証人の署名・押印、公証人の署名・押印といった手続を経て作られます（民 969）。

このように、文言上は口授や関係者の署名押印等、複雑な手続が必要なようにも思われますが、公証人により遺言内容の特定と確認がなされるため、方式違背や内容不備による遺言の無効という危険はほぼゼロになると考えてよいでしょう。

作成された公正証書は、1 部が公証役場に保管されるため、紛失・偽造・変造といった問題もありません。

ただし、遺言者以外に少なくとも証人 2 人と公証人の 3 名が遺言の存在と内容を知ることになりますから、生前に遺言書の存在やその内容が相続人その他の関係者に漏れてしまうというおそれもあります（なお、公正証書遺言も、相続開始前は推定相続人からの照会に対して遺言の内容が開示されることはありません）。

③ 秘密証書遺言（民 970）

秘密証書遺言は、遺言者が署名・押印した証書を封じ、証書に押印したものと同じ印章で封印して作成します。

その後、遺言者はこの封書を証人 2 名以上および公証人の前に提出し、それが自分の遺言である旨やその遺言証書を記載した者の氏名・住所を申述し、公証人が証書の封紙に日付を記入し、遺言者、公証人、証人らとともに署名・押印を行って完成です（民 970）。

自筆証書遺言と違い、遺言者が証書の全文を自書する必要はありません。ワープロで作成することも可能ですし、字を書いたりパソコンを使ったりができない者でも他人に作成してもらった証書に署名・押印するこ

とで秘密証書遺言を作ることができます。

　秘密証書遺言は、封印に公証人と証人が関与するため、遺言の存在が他人に知られることにはなりますが、肝心の証書自体を封印してしまうため、封印前に人に見せたり遺言者自身が人に話したり（あるいは証書を他人に作成してもらったり）しない限り、自分が死亡するまで遺言の内容自体が誰かに知られることはありません。つまり、ここでの「秘密」は遺言内容の秘密を意味します。

　こういうわけで、**秘密証書遺言は、遺言の内容は秘密にしつつも、遺言が存在すること自体は明らかにしておきたいというケースで有用**といえます。相続人としては余計にやきもきするかもしれませんが、それも制度上、想定の範囲内です。

　なお、秘密証書遺言の方式（民 970）を守っていない場合でも、内部の証書が自筆証書遺言の要件（民 968。全文・日付・氏名の自署、押印）を守っている限り、自筆証書遺言としての効力を有するものとされます（民 971）。

 ## 公正証書遺言を勧めるワケ

　先に書いたように、**自筆証書遺言**では、方式違背によって遺言自体が無効になってしまうケース、遺言の有効性を争って相続人間で紛糾するケースが少なくなく、遺言相続をより複雑化させる一因となっています。

　これには、そもそも自筆証書遺言に方式の厳格な縛りがあるということ自体を知らずに遺言者本人による（ある意味で安易な）遺言書が作成されているという事情があるのではないかと思われます。これは遺言制度の一般的な理解が進んでいないためともいえ、相続に関わる実務家としては若干ですが忸怩たる思いがします。

　遺言書の方式を厳格に要求した結果、遺言書の内容から透けて見える遺言者の遺志に反した結果となるというのでは本末転倒な気がするわけで、判例や学説もこれまで解釈によって方式の厳格性を緩和する試みを積み重ねてきました。

　たとえば、自筆証書遺言の押印に代えて指印でも可としたもの（最判平成元年２月16日・民集43巻２号45頁。ただし、反対意見あり）、カーボン紙による手書きの複写の形で作成された遺言書でも「自書」に欠けることはないとしたもの（最判平成５年10月19日・家裁月報46巻４号27頁等）、具体的な年月日が記載されていなくとも文面から具体的な遺言書作成の日付が特定できる場合には日付の記載に欠けるところはないとしたものなどがあります。

　他方で、近年では花押（個人を示すものとして、署名の代わりに使用される符号や記号）を書くことは印章による押印（民968Ⅰ）とは同視できないとして遺言を無効と判断するなど（最判平成28年６月３日・民集70巻５号1263頁）、方式の緩和一辺倒ではなく、合理的な限界を模索しようとする流れも見られます。

　とはいえ、これらの争いや判例・学説で示される判断は、**すでに作成されてしまった遺言の事後的な解釈・評価に関わるものであって、**

さぁこれから遺言書を作ろうという段階でOKライン設定の基準とすべきものではありません。

　自筆証書遺言をめぐる真否の争いについても同様で、遺言書作成過程の明確化・客観化で無用な争いを避けられたというケースは多いでしょう。

　そういう意味で、実務家としては、自筆証書遺言の方式や真否に関わる紛争、裁判所の判断を見聞きするにつけ、どうしても「避けられたはずの不毛な争いだ」という印象を心の隅っこに抱かざるを得ないのです。今回の相続法改正で取り入れられる自筆証書遺言保管制度（→ 263 頁）はこの点に一定の配慮をした制度といえます。

　では、逆に自筆証書遺言を積極的に選ぶべき場面というのは考えられるのでしょうか。

　先に書いたように、自筆証書遺言は**まったく誰にも遺言書の存在自体を知らせずに作成しておきたいとき**に有用といわれています。ただ、冷静に考えてみると、遺言書の内容だけでなくその存在自体も誰にも知られたくないというのはどういった場面でしょうか。たとえば婚外子の認知など、デリケートな身分事項に関する遺言のケースがまず頭に浮かびます。もっとも、そのような場合、遺言書の存在を秘匿することが適切・相当かどうかも十分に考えておくべきです。

　というのも、相続人が誰も遺言の事実を知らない場合、いざ相続が開始されても、遺言書があることに都合よく気づいてもらえるという保証がなく、遺産分割が相応に進んだ段階や終了したあとになって遺品の中からひょっこり遺言が見つかるというやっかいな場面が考えられるからです。

　こうなると、遺言が自分の死後の親族関係や遺産承継を円滑なものにするどころか無用の紛争の種をまき散らしているようにしか見えません。

　かといって、存在を生前から明らかにしていたとしても、それが自筆証書遺言だというのでは、方式違背による無効や偽造・変造のリスク、内容の真否をめぐる紛争のリスクはなくなりません。

　さらに言えば、ワープロソフトが普及し尽くした昨今、完全な手書きで何百、何千と文字を書き連ねるという経験はそうそうなく、自筆証書

遺言の作成は、人によって、また内容によっては苦行に近いものとなってしまいます。

　結局のところ、**自筆証書遺言は、自分の死後の相続争いの芽を摘むという意味では、あまり適した方法とは言えない**というのが私の意見です。

　なお、今回の相続法改正で、自筆証書遺言の法務局での保管制度が新設されました（「法務局における遺言書の保管等に関する法律」）。

　これが正常に機能すれば、遺言者が法務局（遺言書保管所）に保管の申請をする際に遺言の要式性もチェックがなされるので、自筆証書遺言をめぐる紛争の芽（様式不備や成立の真否など）もある程度摘むことができるかもしれません。

　しかし、現時点で、上記法律で想定されている手続は、従来の単なる自筆証書遺言作成の手続と比べて相応にめんどくさいものなので、どれだけ利用が進むかは未知数です（→ 263 頁）。

　この点、**秘密証書遺言**は、遺言者自身が証書に署名押印し、公証人・証人に秘密証書遺言作成の事実を確認してもらうことで、遺言の意思の有無や証書の真否をめぐる争いのおそれはある程度低くできます。

　ただ、（公正証書遺言と異なり）**公証役場には秘密証書遺言が作成されたという事実が記録として残るだけ**で、作成された遺言書自体が保管されるわけではありません（封紙の付された遺言書は本人に返還されます）。

　そのため、偽造・変造のおそれは低くなるものの、作成後に遺言がなくなったり破棄されてしまったりというおそれを完全に払拭することができません。

　このようなやや中途半端な制度であることが影響してか、秘密証書遺言の利用は全国でも年間 100 件前後と低い水準を保っています。

　そもそも**遺言書を作成する重要な目的として、死後の遺産をめぐる争いの防止がある**わけですから、遺言書自体が相続人の争いの種となるのでは元も子もありません。

　自筆証書遺言、秘密証書遺言ともに、遺言書作成時の意思の有無や紛失・偽造、変造といったおそれがあり、これらを避けるためにも**公正証書遺言**の方式が適しています。

なお、推定相続人は、公正証書遺言が作成されたことを知っていても、相続開始前に公証役場でその内容を教えてもらうことはできません。作成の段階で２名の証人に遺言の内容を明らかにする必要はありますが、この程度であれば、遺言作成の事実やその内容が先に漏れてしまうというリスクは証人の選定の仕方によってある程度クリアできます。

　また、遺言の存在自体を完全に秘匿しておくべき場合というのは多くはありません。

　なにより、公証人が遺言の内容や遺言者の真意に基づくものであることを公証してくれるという点が、公正証書遺言の最大の利点です。後の相続人間の無用な争いを避けるためにも、公正証書遺言の方式が最も適しています。

　作成には公証人手数料をはじめ、数万円程度の費用がかかりますが（→36頁）、相続開始の後、遺言の有効性をめぐる訴訟にかかるコストを考えると安いものです。

　そのため、私が遺言の相談を受けた場合には、後の相続人間での紛争のおそれを説明し、公正証書遺言の形で作成することを強くお勧めしています。

　また、公正証書遺言は自筆証書遺言、秘密証書遺言と異なり、一般的に偽造・変造のおそれが極めて低いため、検認手続は不要です（民1004Ⅰ・Ⅱ）。

　いかがでしょうか。私が公正証書遺言を強く勧める理由を理解いただけましたか。

正しい遺言の作り方

　公正証書遺言を前提に説明します。

　遺言者による口授と公証人による筆記・読み聞かせ（または閲覧）が条文上要件とされています。弁護士等本人の代理人が関与して公正証書遺言が作成されるケースでは、あらかじめ遺言者（依頼者）の意向を聴き取った代理人が原案を作成し、これをもとに公証人と適宜訂正・変更

を行って公正証書の文案が作成されるという流れが一般的です。

　この際、遺言者本人と代理人、証人（2名）が公証役場に出頭し、公証人が遺言者本人から遺言の趣旨を改めて聴き取って（口授）あらかじめ作成しておいた公正証書の文案と齟齬がないかを確認し、その上で、文案を読み聞かせ、その後に本人や証人に閲覧させるというやり方がとられます。

　この場合、「口授→筆記」というプロセスはとられていないわけですが、このような手順で作成された公正証書遺言も有効とされます（大判昭和6年11月27日・大民集10巻1125頁、最判昭和43年12月20日・民集22巻13号3017頁）。

　依頼する公証人の業務の繁閑にもよりますが、スピーディーに行けば依頼から1か月～1か月半程度の期間で作成することが可能です。

 ## 公正証書遺言作成の必要書類について

　さて、公正証書遺言を作成するには何が必要でしょうか。

　公正証書を作ろうと思っても、その手続がよくわからなかったり、どうしようもなく面倒だったりしたら、「ああもう自筆証書遺言でいいじゃないか」となってしまいます。

　ここは、大事なところなので、きちんと確認しておきましょう。

⑴　必要な資料

　公正証書遺言を作るためには、第三者である公証人に、遺言の内容を正しく伝える必要があります。具体的には、「遺言者が誰で」「誰に対する」「どのような内容の遺言を作成したいか」を伝え、また必要に応じて証明しなければなりません。順に見てみましょう。

①　誰が遺言者か

　公証役場に出頭した本人が遺言者本人であることを、公証人にわかってもらう必要がありますし、内容を読み聞かせてもらったうえで、遺

言書への署名・捺印も必要です。

そのため、以下のものを用意しなければなりません。

❶ 本人確認書類 → 身分証明証

（運転免許証、マイナンバーカード、パスポートなど）

❷ 印鑑（認印）

※ただし、「印鑑登録証明書原本と実印」で❶・❷に代えることもできる。

❸ 委任状（代理人により公正証書遺言を作成するとき）

❸の委任状には、委任内容（委任契約の内容）を記載した別の書面を添付し、遺言者が実印で押印、契印（頁間の押印）をする必要があり、形式だけ見ると結構面倒です。

とはいえ、代理人による作成の場合、事前に公証人と代理人（弁護士等）が協議して公正証書の文面案を完成させることになるため（→ 32 頁）、その文面案を公証役場備え付けの委任状用紙に編綴して委任状の作成・調印（遺言者の署名押印・契印）がなされ、公正証書作成・調印の際に提出されるのが一般的です。

とりあえず、**通常の民事事件で依頼人に出してもらうような訴訟用の委任状では足りない**、ということは覚えておきましょう。

また、代理人への委任状には**実印での押印**と**印鑑登録証明書（作成から３か月以内のもの）原本の提出**が必要ですし、もちろん、代理人として出頭する者が委任状に記載された代理人本人であることの確認資料（代理人の運転免許証等）も必要になります。

② 誰に対する遺言か

次に、「誰に対する遺言か」という点を明らかにしなければなりません。

ここでは、財産を残す場合（つまり、遺贈や遺産分割方法の指定など）を念頭に置きますが、財産を残す相手が相続人の場合（「相続させる」遺言など）であれば、

❹ 遺言者と相続人（ら）との関係を示す戸籍全部事項証明書

が必要ですし、相続人以外の者（相続人以外の第三者や法人に遺贈するなど）であれば、

❺ その者の住民票または商業登記全部事項証明書

が必要です。

このほか、遺言では認知や未成年後見人の指定、廃除、遺産分割方法の指定の委託、祭祀承継者や遺言執行者の指定など、さまざまな事項を定めておくことが可能ですが（→ 10 〜 21 頁）、これらの場合もその効力を受ける者や指定を受ける者といった関係者の特定が必要となります。その場合も上記❹・❺同様に、その職業や住所・氏名・生年月日等を特定する資料の用意が必要です。

③ どのような内容の遺言か

遺言者、遺言で財産を残す相手方の次は、遺言の内容に関する事項を明らかにします。

ここでも、財産を残す場合を念頭に置きますが、この場合、**残したい財産の内容を具体的に特定できるだけの情報・資料の提供が必要**になります。

たとえば、残したい財産が不動産であれば、その所在、地番等を特定する事項や、価額を確認するために、

❻ 固定資産納税通知書または固定資産評価証明書
❼ 不動産の登記全部事項証明書

等が必要となります（所在、地番等のほか価額まで確認が必要なのは、後に述べるように、それが公証人の手数料算定に影響するからです）。

一方、不動産以外の場合も、その資産の内容（預貯金、保険、有価証券、それ以外等）や価額の情報が必要となります。もっとも、ここはさほど厳格な資料の提出は求められず、たとえば預金であれば、遺言者が作成した金融機関・支店・口座番号やその時点での残高のメモなどをもとに作成するということも行われているようです。ただし、誤記載を防ぐため、

通帳などは持参しておいたほうが無難でしょう。

⑵　そのほかに必要な準備

　公正証書遺言の作成には証人2人が必要です（未成年者や推定相続人・受遺者など利害関係の強い者は証人になれません。民974）。これら証人も、その職業と住所・氏名・生年月日を示す資料が必要となります。ただし、これは、メモのような形で情報さえ伝えられればよく、たとえば就業先発行の証明書や住民票といった公的・厳格な形での証明までは求められないのが通例です。

⑶　公正証書遺言作成のコスト

　公正証書作成にかかる費用には、大きく分けて、公証人に支払う手数料、証人の日当、（代理人による作成の場合）代理人の報酬に分けられます。

① 公証人の手数料

　公証人の手数料は、遺言で取り扱う財産の金額によって異なりますが、公証人手数料令（平成五年政令第二百二十四号）という政令で以下のとおりに定められており、全国どこの公証人に依頼しても金額は同じです。

◆公証人手数料令　別表（第9条、第17条、第19条関係）

番号	法律行為の目的の価額	金額
一	100万円以下のもの	5,000円
二	100万円を超え200万円以下のもの	7,000円
三	200万円を超え500万円以下のもの	11,000円
四	500万円を超え1000万円以下のもの	17,000円
五	1000万円を超え3000万円以下のもの	23,000円
六	3000万円を超え5000万円以下のもの	29,000円
七	5000万円を超え1億円以下のもの	43,000円
八	1億円を超え3億円以下のもの	43,000円 ＋超過額5000万円までごとに13,000円を加算した額
九	3億円を超え10億円以下のもの	95,000円 ＋超過額5000万円までごとに11,000円を加算した額
十	10億円を超えるもの	249,000円 ＋超過額5000万円までごとに8,000円を加算した額

ただし、注意する点が3つもあります。

その一つ目は、**財産を受ける人ごとにこの手数料の金額が算定され、それが合算される**という点です。つまり、財産を受ける人（相続人や受遺者など）が増えるとそれだけ手数料は高くなります。たとえば、1,000万円の財産を1人に遺贈するよりも500万円ずつ2人に遺贈するほうが手数料は高くなるということです。

二つ目は、**全体の遺産の額が1億円以下の場合、上記の表で定められた手数料額に1万1,000円が加算される**という点です（手数料令19）。一番価額の低い基準（「100万円まで：5,000円」）でも、1万1,000円が加算される結果、**遺言公正証書の作成手数料は最低でも1万6,000円を下回ることはない**ということです（これに、次の「証書の枚数による加算」が加わります）。

そして、三つ目。これがややこしいところですが、遺言書を含め**公正証書の原本は、作成する枚数が一定の数（4枚）を超えると、その超える枚数1枚ごとに250円がかかります**（手数料令25）。また、公正証書遺言は通常、原本と正本、謄本の3部が作成されるのですが、正本と謄本は、それぞれ作成する枚数×250円がかかります。遺言の文面がムダに長くなると手数料も加算されてしまうということです。

なお、遺言者が高齢や病気のため公証役場に出向くことができない場合には、公証人が出張して作成してくれるサービスもありますが、これは**目的財産部分の手数料が5割増し**になるほか、公証人の日当・交通費実費がかかります。

実際に作成する公正証書の内容（具体的には枚数）が定まらない限り、正確な公証人手数料は確定しないのですが、財産を残す内容（ざっくりどの程度の財産を何人に残したいか）、作成に出張は必要か否かを伝えることで、公証人におおむねの手数料額を算定してもらうことができるはずです。

② 証人の日当

先に書いたように、公正証書遺言作成には利害関係のない証人2名が必要となりますが、これを誰かにお願いする場合には、日当の支払いが必要となることがあります。

遺言者が自分の友人や知人にお願いするという場合であれば、日当の要否はその人間関係の深さや質によるでしょう。ただ、証人を遺言者自身が用意できないときには、たとえば公正証書作成を依頼している弁護士や司法書士の事務所の事務員さんを証人に立てるということも多く行われており、この場合には、一人につき数千円程度の日当が必要になることがあります。

③ 代理人の報酬

当然のことながら、公正証書遺言の作成を弁護士、司法書士等の代理人に委任する場合には、その報酬が必要となります。

業務の内容は、財産の確認や目録の作成、必要事項の聴取と公証人との案文作成・協議、公正証書作成の際の出頭等です。作成したい遺言の内容が単純なものかそれとも複雑なものかによって業務の負担は違いますが、おおむね 10 ～ 30 万円程度の報酬額が多いのではないでしょうか。

包括遺贈と特定遺贈

遺贈は、包括遺贈と特定遺贈とに大別されます。

包括遺贈とは、遺産（権利・義務の両方を含む）の全部、もしくは割合的に示された一部を対象とする遺贈で、遺産の全部を特定人に遺贈したり（全部包括遺贈）、遺産の全部ないし一部を特定人（一人でも複数でもよい）に割合的に遺贈したり（割合的包括遺贈）といった場合です。

たとえば、「全財産を甲に遺贈する」「全財産の半分を甲、乙、丙にそれぞれ 3 分の 1 ずつ遺贈する」というのはいずれも包括遺贈です。

これに対して、**特定遺贈とは、遺贈の対象とする遺産を特定して行う場合**を言います。

たとえば、「遺産のうち、不動産 1 を甲に、不動産 2 を乙に遺贈する」「○○銀行の預金について、3 分の 2 を甲に、3 分の 1 を乙に遺贈する」といった場合です。後者の場合、分け方は割合的ですが、対象となる財

産が特定されているので、包括遺贈ではなく特定遺贈になるのです。

　とはいっても、たとえば、遺産がA土地一筆しかないという場合に、「遺産をすべて甲に遺贈する」（全部包括遺贈）とした場合と「A土地を甲に遺贈する」（特定遺贈）とした場合とでは、「A土地が甲に遺贈された」という点では結果的にはあまり違いがないように見えます。

　また、相続人や受遺者の立場から見た場合、遺言の記載の仕方が中途半端なために、必ずしも包括遺贈なのか特定遺贈なのかをスパッと判断できないというケースもあるかもしれません。

　では、このようにわざわざ包括遺贈と特定遺贈を概念上分けて理解するのはどのような意味があるのでしょうか。

　この点は、**遺贈を内容とする遺言書を作るときに、包括遺贈と特定遺贈のいずれを選択すべきかという問題を前にしてはじめて、生きた知識になってきます。**

　そのカギとなるのが、「包括受遺者は、相続人と同一の権利義務を有する」という民法990条の定めです。受遺者でありながら包括遺贈を受けた者は相続人と同様に扱われてしまうというこの規定が、包括遺贈と特定遺贈の大きな違いを生む原因となっているのです。

　細かく見ていくと両者の違いは多いのですが、特にポピュラーなものは次のような感じです。

① 相続債務負担の有無

　特定遺贈と包括遺贈の最大の違いは、前者が単に特定の積極財産の承継を目的とするものであるのに対し、包括遺贈では包括受遺者が（相続人と同様の権利義務を負わされる結果）相続債務も負担しなければならなくなる、という点です。

　これは実に大きな違いです。

　すべての受遺者が、生前の遺言者の財産や負債について正しく把握できるとは限りません。また、遺言者自身、自分の残す債務の全貌を理解せずに墓に入ることだってあるのです。

　目の前の遺贈対象財産（たとえば、高級車）が素敵に見えてつい包括遺贈を承認してしまったところ、あとからそれを上回る相続債務があるこ

とがわかっちゃったというとき、包括受遺者が少し気の毒な気もします。

「包括受遺者も限定承認できるから問題ない」と見る向きもあるかもしれませんが、限定承認ほど面倒な手続もなかなかありません（これは限定承認の申立件数が相続放棄の申立件数の0.5%以下という数字が物語っています）（→第2章）。

誰しも、プラスの財産であればもらいたいが、相続債務はできれば御免被りたいというのが人情でしょう。

特定の財産を特定の人物（相続人でも相続人以外でも、法人でも）に承継させようとする場合、特別な事情がない限り、**包括遺贈ではなく特定遺贈のほうが受遺者のリスクは少ない**と言えそうです。

② 放棄・承認の方式の違い

受遺者は「遺言者の死亡後、いつでも、遺贈の放棄をすることができる」 とされています（民986 Ⅰ）。

そんなわけで、**特定遺贈の受遺者は**、遺言者が死亡後、いつでもその遺贈を受け入れる（承認）か拒絶する（放棄）かを選べるのです（ちなみにこの承認・放棄の撤回は認められないので慎重に。民989 Ⅰ）。

遺贈の放棄・承認は、遺贈義務者に対する**受遺者の一方的な意思表示によって行うことができ、方式も特に定められていません**。遺言が発効した後に、受遺者が遺贈義務者（たとえば相続人や他の包括受遺者）に「こんな遺贈は受けられない」と口頭で伝えた場合にも遺贈の放棄は成立するということです。

なお、「いつでも」とありますが、相続人等から遺贈を承認するか放棄するかを催告されることがあります（民987）。「遺言者の死亡後」とされているのは、遺言者が生きている間は遺贈がまだ効力を生じていないため（民985 Ⅰ）、その放棄の意思表示は法的には無意味だからです（とはいえ、迷惑きわまりない遺贈が計画されていることを察知したときには、遺言者が生きている間に直接拒絶の意思を伝えるのもいいかもしれませんね）。

ところが、同じく受遺者であるところの包括受遺者（包括遺贈を受けた者）は「相続人と同一の権利義務」を有するため（民990）、包括遺贈の放棄・承認も相続人同様の手続（民915以下）に従わなければなりません。

第1章 相続開始前の道

　つまり、**包括受遺者が放棄したい場合は、自己のために遺贈があることを知った時から3か月以内に家庭裁判所に放棄の手続をとらなければならないのです**。これは少し面倒です。
　「実は父があなたに全財産を遺贈するという遺言を遺してまして…」と亡くなった友人の息子から聞かされた場面を想像してみてください。お葬式で、参列者は少なく、雨が降っています。
　「そういえば、亡くなった知人は生前、放蕩三昧であちこちに金を借りまくっていたな…」と思い至り、そんな知人の包括遺贈を受けるべきかどうかと考えるあなたの頭に「毒まんじゅう」という言葉が浮かびます。**それも皮が薄くて中の毒が透けて見える**、見るからに危険なまんじゅうです。
　当然、「そんな遺贈は放棄してしまいたい」と思うわけですが、仕事を休んで家庭裁判所までわざわざ遺贈の放棄の手続をしに行かない限り、そのまま遺贈の単純承認という効果が生じてしまうのです。

包括受遺者が遺贈を放棄するには特定遺贈よりも面倒な手続が必要になるということです。

　以上のように、包括遺贈と特定遺贈とでは生じる効果が大きく異なっており、（その時、遺言者はすでにこの世にいませんから）この影響はすべて受遺者に降りかかってきます。

　とりわけ、相続債務を負担させられる危険があり、放棄にも七面倒くさい手続が必要な包括遺贈は、もともと相続人でも何でもない人にとっては迷惑と受けとられることも多いでしょう。特に、相続債務を明示せずに行われる包括遺贈は、ある種の罠とすら言えるかもしれません。

　そんなわけで、相続人以外の第三者など、生前縁の薄かった人を対象とした場合、**包括遺贈は特定遺贈に比べ、受遺者が萎縮して遺贈を放棄する方向に傾くおそれが強くなります。**

　遺言者がせっかく（おそらく）好意で残した遺贈が受遺者に受け入れられない、これはこれで残念なことです。

　なお、非常に細かい点ですが、遺贈の対象不動産が農地の場合、特定遺贈であれば（受遺者が相続人でない限り）移転には農業委員会の許可（農地法３Ⅰ）が必要なところ、包括遺贈であれば許可不要という違いがあり（農地法施行規則15⑤）、この点では包括遺贈が特定遺贈より優れているようにも思えます。

　が、農地を相続人以外の者に遺贈するということ自体それほど多くはなく、包括遺贈となるとさらにレアケースでしょう。およそ、包括遺贈と特定遺贈の手続選択に一般化できる話ではありません。

　遺贈は、自分の死後の財産を誰に承継させたいかという遺言者の意思を実現するためのツールですが、受遺者が承認しにくい内容のために放棄されてしまったというのではあまり意味がありません（遺言者が自分の財産を特定の人に遺贈する意思を示すことに主眼があり、それを受けるか否かは受遺者の選択次第という考え方もあるでしょうが…）。

　特定の財産を特定の人に承継してもらいたいというのであれば、包括遺贈ではなく特定遺贈の形をとるほうが適している場合が多いように思われます。

遺言執行者が必要なのはどんなとき？

　遺言執行者は、「遺言者に代わり、遺言の内容実現に向け必要な一切の事務を執り行う者」をいいます（新基本コンメ・相続220頁）。

　遺言者は、遺言であらかじめ遺言執行者の指定や指定の第三者への委託をしておくことができます（民1006Ⅰ。これをしようとするときは、必ず遺言で行わなければなりません。→17頁）。また、遺言発効後、遺言執行者がいないときや欠けたときには、相続人や受遺者といった利害関係人が家庭裁判所に遺言執行者の選任を請求することもできます（民1010）。

　そして、**遺言執行者は、相続財産の管理その他遺言の執行に必要な一切の行為をする権利義務**を有します（民1012Ⅰ）。

　ところが、遺言執行者については、その仕事の内容やどういう場合に選任されるのかがよくわからないという人も多いでしょうから、ここで整理しておきましょう。

　そもそも「遺言の執行」というのは、遺言の内容を実現することにほかならないのですが、遺言があるからといって、必ず遺言執行者が必要になるわけでもありません。

　たとえば、遺言事項の中には、未成年後見人や未成年後見監督人の指定（民839、848）、相続分の指定等（民902）、遺産分割方法の指定等（民908）、遺産分割の禁止（民908）、相続人間の担保責任の指定（民914）、遺留分減殺の制限（民1034）のように、そもそも**遺言執行の余地自体がないもの**があります。

　これらは、遺言者の意思が示された遺言が発効することにより、当然に指定や禁止といった遺言者の意思が実現されてしまうため、遺言執行者が何か具体的な行動に出るという必要がないのです。

① **必ず遺言執行者が必要となるもの**

　ところが、逆に必ず遺言執行者によって執行されなければならない遺言事項というものがあり、重要なのが遺言による子の認知（民781Ⅱ）、そして、相続人の廃除（民893）とその取消し（民894）です。

これらはどちらも、内容的に相続人や関係者（認知される子の母親など）自身が行うわけにいかないので、遺言執行者が必要になってくるのです。

　このため、公正証書遺言作成時、認知や廃除が内容となっている場合、公証人から遺言執行者の指定等に関する条項も設けるよう指摘が入ることが多いでしょう。

　自筆証書遺言、秘密証書遺言で、認知や廃除などが定められているのに遺言執行者について記載がないという場合には、他の相続人や認知を受ける子の母親などの利害関係人が遺言執行者の選任を家庭裁判所に申し立てる（民1010）必要が生じます。

② 相続人・遺言執行者のいずれが執行してもよいもの

遺言の執行自体は必要だけれども、相続人と遺言執行者のいずれが執行してもよい、という遺言事項もあり、これが一般財団法人の設立（一般社団法人及び一般財団法人に関する法律152Ⅱ）や遺贈（民964）、遺産分割方法の指定（民908）の実現などです。

　これらの事項は、遺言の内容に従って、相続人が自発的に行うこともできますが、遺贈や指定された遺産分割方法の実現などは、相続人間や相続人・受遺者間でその当否や履行をめぐって争いとなることがあります。

　そういった場合に備えて、遺言者はあらかじめ遺言執行者の指定やその指定の委託を遺言の形で行えるのですが、これがない場合や遺言執行者が欠けた場合には、相続人や受遺者等の利害関係人から家庭裁判所に遺言執行者を選任するよう請求することができるというわけです。

　なお、遺言執行者は「相続人の代理人とみなす」との定めがあるのですが（民1015）、これは遺言執行に関する善管注意義務（民644）、報告義務（民645）、費用償還請求権（民650）など委任の規定が準用されること（民1012Ⅱ）の理論的根拠になっています。遺言執行者の法的地位の理解については若干説が分かれたりもしているのですが、仕事をするうえではこれ以上に立ち入る必要はありません。

　　　　　また、今回の相続法改正により、遺言執行者の法的な位置づけや権限の明確化が図られました（→270頁）。

　以上のほか、遺言発効後（相続開始後）の遺言執行者の具体的業務や

利害関係人との関係については第3章にて詳しく触れます。

なお、比較的最近の裁判例で、一風変わった「死因贈与執行者」という概念が取り上げられているものがあります（東京地判平成19年3月27日・判時1980号98頁）。これは死因贈与が公正証書の形で行われ、なおかつ、同契約の執行者としてある者（弁護士）が指定されていたという事案ですが、判決は「死因贈与執行者は、死因贈与の執行に必要な一切の行為をする権利義務を有し」ていると判示しています（民1012Ⅰ準用）。

③ 生前贈与、死因贈与という選択肢

[選べるって素晴らしい]

　これまで「遺言を書くならどうするか」というテーマについて勝手気ままに書き連ねてきた感がありますが、いずれ被相続人となる者にとって遺言を書く以外に選択肢はないのかという点も少し気になるところです。そこで問題となるのが生前贈与、そして死因贈与という方法です。

　特に死因贈与は、遺贈との違いがわかりにくく知らず知らずのうちに苦手意識を持ってしまいがちなので、ここできっちり整理しておきましょう。

生前贈与、死因贈与とは

　生前贈与とは、**被相続人が生きている間に行う贈与**であり、要するに法律上はただの贈与です。

　死因贈与は、**贈与者（被相続人）の死亡によって効力を生じる贈与**（民554）です。

　生前贈与も死因贈与も、（遺言者の一方的意思表示で行うことができる遺贈と違い）贈与という契約（ないしその一類型）なので、被相続人と相続人

その他受贈者となる者との**合意により成立する**という特徴があります。

　世代間の資産承継という目的は同じなのに違う手続・制度が設けられているのには、当然理由があります。それはどのようなものなのでしょうか。生前贈与、死因贈与の順に見ていきましょう。

生前贈与が行われる場合

　移転する資産が同じなら、贈与よりも相続のほうが税金が安くて済む（贈与税のほうが相続税より高い）というのが一般的な理解ですが、生前贈与でも基礎控除により1年に110万円までは贈与税は課されません（この「1年110万円以下」ルールは贈与される側について判断されます）。

　また、それを超える場合でも、一定の場合には相続時精算課税制度を利用することで一定の節税効果が得られます（→「⑤相続にまつわる税務あれこれ」）。

　ただし、生前贈与であっても、「婚姻若しくは養子縁組のため若しくは生計の資本として」相続人に対して行われた場合には、特別受益として、原則、持戻しの対象となります（民903Ⅰ）。

　それを希望しない場合、つまり、生前贈与で相続人の一人に渡したものを遺産分割時に相続の前渡しとして評価させたくないというのであれば、遺言（民903Ⅲ）や意思表示など明確な形で持戻しを免除する旨を示しておくべきでしょう（持戻しの免除は、黙示のものも認められるのですが、これは相続開始後の評価の話です）。

　持戻し免除の意思表示も、各相続人の遺留分を害することはできないという点は注意です（民903Ⅲ）。

> ただし、今次の相続法改正による遺留分制度の改定に伴い、この表現は削除されました（→256頁）。

　なお、かなり極限的なケースですが、**相続欠格（民891）の場合に宥恕を示す方法として生前贈与という方法がとられる**ことがあります。というのも、相続欠格は廃除（民892）と異なり、いったん、民法891条所定の場合に該当してしまうとこれを取り消す方法がありません。また、この定めは受遺者の場合にも準用されているので（民965）、相

続欠格となった相続人は受遺者となることもできません。

それでも、そのような相続人にも一定の資産を承継させたいと被相続人となる者（殺害されていない場合に限ります）が考えた場合、生前贈与ならその目的を達することができるというわけです。

ただし、私の知る限り、このようなケースは実務では多くはありません。

 死因贈与が行われる場合

死因贈与は、わざわざ遺贈の規定を準用するという定め（民554）が置かれています。

実務的な観点からいうと、死因贈与が選択される理由の一つとして、**遺贈が邪魔くさい**という点があるように思われます。

死亡時に財産を移転するという点で遺贈も死因贈与も共通するのですが、先に見たように、わが国の遺言は高度に要式化されているため、作成のハードルがやや高いのです。

　自筆証書遺言や秘密証書遺言では、民法に定められた細かな方式を守らなければ容易に無効とされてしまうリスクがあり、かといって公正証書遺言をするにも費用と手続的な負担が少なからずあります。

　ところが、死因贈与であれば、当事者や給付の内容が特定でき、相手方と合意できていれば、それほどシビアに考えなくても相続開始による財産承継という目的を達することができるのです。

　もっとも、実務家としては、**要式性を欠いたため無効となる遺言であっても、要件を満たしている場合には死因贈与として有効とされる場合がある**（最判昭和 32 年 5 月 21 日・民集 11 巻 5 号 732 頁）ということは頭の片隅にでも置いておきましょう。

　「要件を欠く秘密証書遺言が自筆証書遺言として有効となる」、あるいは「父が非嫡出子を妻の嫡出子として届け出る行為に認知としての効力が認められる」といったケースと同様、いわゆる **「無効行為の転換」** とされる例です。法学部で学んだ記憶がよみがえるところですね。

　もう少し積極的な意味合いはないものでしょうか。

　ありました。死因贈与では、贈与の対象が不動産の場合、これに基づく仮登記を行うことで、**あらかじめ権利移転の順位保全効を持たせることができる**ということです。実際、不動産の死因贈与契約が結ばれるケースでは、それに基づく始期付き所有権移転仮登記が打たれる場合が多いでしょう。

　では、本当に遺贈に比べて使い勝手は良いと言えるのでしょうか。

　少し気にかかるのは、死因贈与を書面で行った場合、「書面による贈与」（民 550 本文参照）として撤回ができなくなるのかという点です。遺贈は作るのは面倒ですが、新たに遺言を作成することでいつでも自由に撤回できるので（民 1022）、死因贈与の撤回ができないとなると少し使いづらそうに思えてきます。

　この点に関し、判例は遺贈と性格が共通する点を理由に「死因贈与については、遺言の取消しに関する民法 1022 条が**その方式に関する部**

第1章
相続開始前の道

4
9

分を除いて準用されると解すべき」と判断しています（最判昭和47年5月25日・民集26巻4号805頁）。

これを条文に則して考えると、**「死因贈与の贈与者は、いつでも、その死因贈与の全部または一部を撤回することができる」**ということになります。判例上も、贈与者自身は（負担付遺贈でかつ負担が既に履行済みといった例外的なケースを除いて）書面で行ったか否かに関わらず、死因贈与の生前取消し（撤回）が認められています（最判昭和57年4月30日・民集36巻4号763頁）。死因贈与の撤回は、なにも遺言の方式による必要はないわけで、意思表示一つでも可能ということです（実際には、後の争いを避けるため内容証明郵便など明確な形で行っておくべきでしょう）。

なお、契約である死因贈与は、被相続人となる者（贈与者）と受贈者となる者との合意に基づいて行われるので、遺贈の場合に比べて贈与者の撤回や贈与対象財産のさらなる処分に対する心理的な圧力が生じるんではないかといったことが指摘されています。

もう一つ重要な点は、相続人も相続開始後、一定の場合には死因贈与の取消し（撤回）ができるとされることです（東京高判平成3年6月27日・判タ773号241頁）。

相続人と受贈者とで利害が対立することも多いので、何となく違和感を感じてしまいますが、相続人は相続によって贈与者たる地位も承継するため、これ自体はそれほど不自然な話ではありません。

もっとも、この方法による相続開始後の撤回は、**それが書面によらずに行われていた場合（民550）に限られる**ので、書面で死因贈与が行われていた場合はもはや相続人も撤回できません（東京高判昭和60年6月26日・判時1162号64頁）。

以上は、贈与者による死因贈与の明示的な撤回についての話ですが、実は「その性質に反しない限り」遺贈に関する規定を準用する（民554）との定めにも関わらず、遺贈の規定をどのあたりまで死因贈与に準用できるのか（すべきなのか）は、現時点でも明確とは言いがたい部分があります。

「その性質に反しない限り」というそもそもの表現が他力本願的で腹が立つわけですが、もう少し先に進んでみましょう。

たとえば、死因贈与後の贈与者（被相続人）の抵触行為（たとえば、後に矛盾する遺贈をしたなど）により死因贈与の撤回を認めてよいのか、また、死因贈与契約書等の破棄を死因贈与契約の撤回と扱ってよいのか（民1023や民1024が死因贈与の場合にも準用されるのかという問題）については難しいところがあり、判例の立場も一様ではないように見えます（前者について最判昭和47年5月25日・民集26巻4号805頁等）。

遺留分減殺の順序

　遺留分減殺が問題となる場合、遺贈と死因贈与、生前贈与ではまず遺贈が減殺の対象となり（民1033）、これが複数ある場合は、遺言者の別段の意思がない限り、遺贈の価額の割合に応じて減殺されます（民1034）。**遺贈の減殺だけで遺留分が確保できない場合には、次いで死因贈与**（東京高判平成12年3月8日・判時1753号57頁）、それでも不足する場合に生前贈与が後にされたものからさかのぼって減殺されることになります（民1035）（→234頁）。

　死因贈与があえて遺贈と生前贈与の「間」に入るとされたのは、大要「死因贈与は遺贈というよりも贈与として扱うのが相当だけれど、贈与の減殺の順序に関する民法1033条、1035条の趣旨に鑑みれば、通常の生前贈与よりも遺贈に近い贈与とみるべき」という、わかったようでよくわからない理由によります。

　ただし、このような点まで考えて遺贈や死因贈与、生前贈与を選択するというケースがあるかというとやや疑問です。

遺留分制度については、今回の相続法改正で大幅な改定がされました。（→256頁）。

④ 何もしない という選択肢

[めんどくさがりの人にオススメ]

　遺言相続や生前贈与、死因贈与について見てきましたが、もう一つ大きな相続のカタチとして法定相続があることは冒頭に記載したとおりです。この法定相続ですが、法制度の世界で「法定」とある場合、その多くは「当事者、関係者の意思に基づかない」という趣旨が込められている場合が多いのはご存じのとおりです。

遺言相続の難しさ

　これまで遺言書を書いたり、生きている間に贈与契約を結んだりといろいろな方策を考えてきましたが、それもこれも死んだ後（あるいは死ぬ前）の財産の処分にも自分の意思を及ぼしたいという、極めて人間的な想いからくる行動です。もっとも、いくら対象が被相続人のこれまで築いてきた財産だといっても、そのすべてを完全に被相続人の意のままに処分できるわけではないというのが、今の日本の民法です。

　たとえば、遺言で長男にどの土地を、長女にどの預金を、次男に動産をとわざわざ書いていたとしても、遺留分を侵害する部分については被相続人の遺した意思は修正されてしまうこともありますし、また被相続人が思いもよらなかったずっと昔の財産処分が特別受益などという形で取り上げられることもあるのです。

法定相続の問題となる場面

　普通の人は棺桶に入るとき、自分の死をきっかけに配偶者や子、孫といった親族間で財産をめぐる争いが生じることは望まないものです。

　遺言も、(それが目的のすべてではないにせよ) 相続人となる者の間で争いや諍いが起こらないようにとの配慮から行うことが多いはずです。

　ところが、世の中を見回すと、遺言がありながら、その有効・無効をめぐって血で血を洗うような争いがそこかしこで繰り広げられています。

　その責任はいったい誰にあるのでしょうか。

　親族の紛争の根っこを見極められなかった被相続人のせい？ それともその意思を無視して、自分の利益や言い分にこだわる相続人たち？

　立場が変われば物事の受け止め方、感じ方も変わります。

　被相続人が正しいと思った分け方でも、被相続人の子ら一人ひとりにすれば不平等だと感じる向きもあるかもしれません。不思議なことに、相続問題では「自分は優遇されすぎている」と感じる人はあまり多くはないようです。

　そうなると、「遺言を遺していたらすべて丸く収まる」という考え方は捨てたほうがよいのかも知れません。

「何もしない」ことが　　選択肢として存在する

　とかく人の世というのは思うに任せないものですが、それは被相続人が死んだ後も同じ。

　それなりの費用と時間をかけて、苦心と配慮で作り上げた遺言が争いの種になってしまうというのでは、何のための遺言だかわかりませんし、そのためにいろいろと思いをめぐらせるというのはそれ自体人生の浪費のようにも思えてきます。

そう考えた場合、自分の死に向けて「何もしない」というのも一つの選択肢として浮かび上がってくるわけです。

　生きている間に、親族のうち適当な者に適当な財産をやり、あとは好きに使って、遺言も死因贈与契約も行わず、ただあるがままに死を迎えるという形です。

　これを無為自然と前向きにみるか、**「あとは野となれ山となれ」**とみるか、それは被相続人の気の持ちようの問題にすぎず、それほど重要ではありません。

　いずれにせよ、このような場合について、わが民法は国民が困らないように、法定相続という詳細な定めを置いてくれています。非常にありがたいことですね。国がわざわざ設けてくれているインフラを利用するに遠慮は要りません。

　ちなみに、遺言があろうがなかろうが、また、生前贈与や死因贈与をしていようがいまいが、**相続争いというものは、起こるときには起こります。**

　そこで、さらに一歩進んでみれば、「何も遺さない」という選択肢も存在します。「児孫（子孫）のために美田を買わず」とは、西郷さんもよく言ったものであります。

第1章 相続開始前の道

⑤ 相続にまつわる税務あれこれ

[相続税だけじゃない！]

　所得税法を見ると、「相続、遺贈又は個人からの贈与により取得するもの」には所得税は課されないと定められています（所得税法９Ⅰ⑯）。ただし、これは相続税との二重課税を避けるために所得税を非課税としているというだけの話であって、相続問題での財産の移転がまったく課税されないということを意味しません。そして、誰にどのような税金が課されることになるのかという点は、遺言の定め方や遺産分割協議の進め方にも大きく影響します。

　そこで、問題となる場面ごとに、それぞれで持ち上がる課税の問題を見ていきましょう。

相続開始前の段階

生前贈与も相続の一場面

　相続の前渡しとして生前贈与が利用される場合があるとすでに触れたように（→47頁）、相続問題は、被相続人の死亡の前からすでに始まっているといえます。

　その証拠に、生前贈与の場合に問題となり得る贈与税についても、相続税法の中に定められています（相続税法１の４）。

第1章 相続開始前の道

特に生前贈与の課税問題は、相続開始後の財産移転と対比して捉えておく必要があります。では、生前贈与の場合に問題となる税金にはどのようなものがあるでしょうか。

贈与税（財産を取得した側）

先に述べたように、まず問題となるのが **贈与税** です。これは渡した側ではなく、「贈与により財産を取得した者」に課されることになります（相続税法1の4Ⅰ）。

贈与税は、個人が贈与を受けた場合にのみ 課され（相続税法1の4参照）、法人が贈与を受けた場合は、法人税の問題となります。

一般に、贈与よりも相続のほうが税金が安くて済むと理解されているところ、贈与税、相続税の税率は相続税法に定められています（同法

16、21の7）。同法で定められている税率（超過累進税率）は、どちらも
10～55％と同じですが、贈与税のほうが相続税よりも税率の累進が速
く進み、3,000万円を超えた時点で最高税率に達することがわかります。

　このため、贈与よりも相続のほうが税金が安く済むと考えられるので
すが、贈与税にはいくつかの注目すべき非課税制度があります。

⑴　贈与税が非課税となる場合

① 一人年間110万円の基礎控除制度（暦年課税制度）

　　贈与税は受贈者一人当たり、年間110万円の基礎控除がありますので
（相続税法21の5、租税特別措置法70の2の4Ⅰ）、その範囲で毎年生前贈
与を繰り返して財産を移転するのであれば、受贈者の側に課税の問題は
生じません。

　　この「一人年間110万円以下はセーフ（非課税）」というルールで一
つ見落としがちなのが、「相続・遺贈で財産を取得することになった者が、
相続開始前3年間に受けていた贈与も相続税額算定の対象とされてしま
う」という点です（相続税法19Ⅰ）。

　　たとえば、ある相続人が父親からその死の半年前に100万円の贈与を
受けていた場合、この100万円も相続税の課税価格に加えられてしまう
ということです。贈与税の基礎控除額以下の贈与であったかどうかは関
係がありません（ただし、その間に支払った贈与税額は、相続税額から控除す
ることができます）。

　　要するに、「死亡の直近3年間に行われた相続人・受遺者等への贈与に
は節税効果はない」ということですが、これは死亡時からの逆算である
ため、「結果としてそうなってしまった」ということも多いと思われます。
結局、節税効果を確実にしたいのであれば元気な時から少しずつ基礎控
除額以下での贈与を進めておくのがよさそうです。

　　なお、次の配偶者控除（相続税法21の6Ⅰ）が適用される部分について
は、この「相続開始前3年間の贈与を相続税額算定の基礎に算入する」ルー
ルは適用されません。

② 親族間贈与での特別控除・非課税制度

　贈与税の控除でもう一つ押さえておかなければならないのは、配偶者控除（相続税法21の6Ⅰ）等の親族間での特別控除制度です。

　このうち、配偶者控除は、**婚姻期間が20年以上の配偶者から他方配偶者へ、居住用の不動産（土地家屋や土地利用権）やこれらを取得するための金銭を贈与した場合には、2,000万円の控除が受けられる**というもので、これは節税のうえで大きな効果を発揮します。

　これ以外にも、直系尊属からの教育資金や結婚・子育て資金、住宅取得資金等贈与の場合の非課税制度（租税特別措置法70の2〜70の2の3）など、親族間での資産移転で利用できる各種の節税策が用意されています。

(2)　相続時精算課税制度

　もう一つ、相続開始前の段階で取り上げておくべきものとして、相続時精算課税制度（相続税法21の9）があります。この名前からはどのような趣旨・効果の制度なのかがよくわかりません。

　これは、ひとことで言えば、**直系尊属から直系卑属への生前贈与**について、「一人年間110万円以下はセーフ（非課税）」という贈与税の基礎控除のルール（1年ごとに贈与税課税の有無を考えるため、暦年課税制度と呼ばれます）に代えて、**大幅な特別控除とこれを超える部分についての軽減された贈与税率を認めようとするもの**です。

　贈与時60歳以上の父母または祖父母から、贈与時20歳以上の推定相続人である子（実子及び養子）、孫への贈与（これを「特定贈与」といいます）について、**累積で2,500万円までの特別控除**を認め、これを超えた場合にも、その部分について**一律20%の贈与税**を納付することで足りるという制度です。

　先に見たような通常の暦年課税制度であれば、毎年一人について110万円までの基礎控除しか認められませんが（相続税法21の5、租税特別措置法70の2の4Ⅰ）、複数年にまたがって、しかも2,500万円までの特別控除が認められ、さらにそれを超えた部分にも贈与税の超過累進税率（10〜55%）に比して比較的負担の低い一律20%という税率が適用

されます。

　その結果、暦年課税制度によるよりも、生前贈与による資産の承継が促進されやすい形になっています。

　では「相続時」に何が「精算」されるのか、という点に進みます。

　贈与者が死亡したときどういう処理になるかというと、その時点の相続財産に相続時精算課税制度でそれまでに贈与された財産の価額（これは贈与時が基準となります）を加えて相続税額を計算し、その中からすでに各贈与時点で支払われている贈与税の額を控除して、納付すべき相続税額を算出します。そしてこのとき、**特定贈与の額を合わせても相続税の基礎控除（相続税法15 I）以下であれば、納付済みの贈与税が全額還付される**のです。

　一見すると、少ない贈与税負担でたくさんの資産を前倒しで承継させられることから、いいことづくめなようにも思えるこの制度ですが、やっぱりというかなんというか、いくつか注意すべき点があります。

　一つ目は、**一定の直系親族間での贈与のみが対象**となり、かつ**贈与者、受贈者共に年齢制限がある**ということです（相続税法21の9 I）。これは、誰からの贈与でも受贈者に年110万円の基礎控除が認められる暦年課税制度と大きく異なる点です。

　また、もう一つ、この相続時精算課税制度を利用するには、対象としたい特定贈与の翌年の2月1日から3月15日までに、**受贈者の側で**贈与を受けた財産に係る贈与税の申告書の提出期限までに「相続時精算課税選択書」および一定の書類を贈与税の申告書に添付して提出する必要があるのですが（相続税法21の9 II、同施行令5 I、II）、一度その親族からの贈与についてこの制度適用を選んだ場合、その親族からの贈与については、あとから**通常の暦年課税に戻すことができません。**

　この制度では、たとえば、将来の相続開始時に、相続財産が基礎控除額（3,000万円＋600万円×法定相続人の数、相続税法15 I）を下回ることは間違いなかろうというケースでは、前倒しで相応額の財産を相続人等へ移転させられ、しかもすでに納付した贈与税があれば相続時に還付も受けられます。もともと、相続開始まで待っても税負担なく資産を移

転できるというパターンなので、この場合、少し早めに資産を移転できるという点が利点といえます。

ところが、将来、相続税がどっさり課せられることが確実というような資産家の場合には、結局のところ税負担はほとんど変わりません（本来贈与時に払うべき税負担を将来に先送りできるという程度です）。

そもそも、**節税効果を狙ったものではなく世代間の資産承継促進を促す制度**なので、その利用が適切かどうかは、一族の資産の多寡と相談してよくよく考えてみる必要があります。

譲渡所得税（財産を渡した側）

贈与税は受贈者に課せられる税金ですが、そこには税金の原資となる財産の流入がありますから、課税されるのはある意味納得しやすいところです。

ところが、無償で財産を移した贈与者の側でも課税が問題となる場面があるのです。

それが、**贈与資産の譲渡所得課税**です。

> 譲渡所得課税は文字どおり所得税の問題です。贈与の場面では所得税法と相続税法を行ったり来たりしなければなりません。

たとえば、おじいさんが孫に土地を贈与したところ、その時点で、購入した時よりも土地が値上がりしていたという場合、実質的に見ると、おじいさんの手元で値上がりの利益が生じていたことになります。500万円で買った土地が贈与時に800万円になっていたのであれば、300万円の値上がりによる利益が生じていると考えられます。

そのため、本来、おじいさんにはこの300万円の値上がり利益分の譲渡所得課税が生じてもおかしくないところです。結局タダであげたんだから値上がり益もなにもないじゃないかと言いたくなるところですが、残念ながら、所得課税の場面では「手元には何の利益も生じていないから、譲渡所得も存在していない」とは考えないのです。

もっとも、このような個人間での贈与の場合は、いわゆる「課税の繰

り延べ」（所得税法60 I ①）によって、おじいさん（贈与者）のところでは譲渡所得課税は生じません。

では、この贈与の時に支払われなかった譲渡所得への課税は未来永劫なくなったのでしょうか。そんなはずはありません。

「繰り延べ」とあることからもわかるように、結局、この譲渡所得課税は贈与を受けた孫が土地をさらに処分した場合、ようやくその時点で、孫自身に課されることとなります（このとき、孫はおじいさんの支出した土地の取得費と自分の処分した価額の差額を譲渡所得として課税を受けることになります。所得税法60 I ①）。

なお、孫がさらに誰かにその不動産を贈与したときはどうなるのでしょうか。

このときには、また「課税の繰り延べ」が行われます。

もう一つここで注意しておきたいのは、**生前贈与を法人に対して行う場合**です。このときは、**贈与であっても財産を時価で譲渡したものとみなされてしまうので**（みなし譲渡）、無償であろうがなんであろうが、**問答無用に贈与者に譲渡所得課税が行われてしまいます**（所得税法59 I ①）。ここでは一般の感覚での理不尽さが現実化してしまうというわけです。

相続の場面に限らず、法人に対して贈与を行う場合、このように贈与者にも譲渡所得課税が生じうるため慎重に判断しなければなりません。

相続開始後の段階

以上の話は、生前贈与といういわば「相続問題の初期段階」で生じる課税についてみました。次は、相続開始後の課税の問題です。ここで問題となる税金としては、相続人等の側に課される相続税、それから本来、被相続人に生じる譲渡所得課税があります。

相続税（財産を取得した側）

　被相続人の死亡により相続が生じ、その時点で遺産は相続人や受遺者、死因受贈者に承継されますが、これら資産を取得した個人には相続税が課せられます。

　相続人が遺産を取得する場合だけでなく、遺贈や死因贈与の場合も、財産を取得するのが個人（自然人）であれば、課される税金は贈与税ではなく相続税なのです（相続税法1の3）。

　法人が受遺者、死因受贈者になる場合は法人税の問題となります。

　では、相続税は誰がどのように払うのでしょうか。

　これはまず遺産の内容・額に従って相続税の総額が決定され、それが遺産分割協議等で実際に財産を相続することになった者（相続人や受遺者、受贈者等）に、その取得割合に応じて按分で割り付けられます（相続税法11）。

　その税率の高さや徴収の過酷さにばかり目が行きますが、よくよく考えてみると、相続税は富裕層が世代を通じて莫大な富を親から子、孫へとそのまま引き継いで行くことを防ぐ機能があり、人類の格差の是正に一役買っているわけです。

　こう考えると、相続税というものがなにやら頼もしいものに思えてきます。

　平成27年からは相続税の基礎控除が大幅に引き下げられましたが（3,000万円＋600万円×法定相続人の数）、そんなことはたいした問題ではないように思えるのです。

　相続税は申告納税方式がとられているので、基礎控除を上回る相続財産がある場合、各相続人・受遺者は、相続の開始があったことを知った日の翌日から10か月以内に相続税の申告を行わなければならず（相続税法27Ⅰ）、相続税納付期限も同じです（同法33）。

　とはいえ、相続問題の処理は長期化することが多いので、この10か月以内に遺産分割や遺贈の処理が終わらないということも当然あります。

　そんなときでも、この相続税の申告、納税の期限が延長されるわけで

はありません。無申告加算税（国税通則法 66）や延滞税（同法 60）が賦課されるのは避けたいところです。

　そこで、期限までに解決ができそうにない場合には、とりあえず相続人、受遺者各自で**法定相続分どおりの申告と納税をすませ**（相続税法 55）、最終的に決着した段階で各自の税額が過小、過大となった場合には、それぞれ修正申告（相続税法 31 Ⅰ）、更正の請求（同法 32 Ⅰ）で再調整するという処理になります。

　このとき、配偶者の税額軽減（相続税法 19 の 2 Ⅰ）、小規模宅地等の課税価格計算の特例（租税特別措置法 69 の 4 Ⅰ）といった特例の適用を考えている場合には、とりあえずの申告の段階で課税庁に「申告期限後 3 年以内の分割見込書」を提出しておかなければなりません。

　さて、申告の際に、土地や債権、債務などはどのように評価すべきでしょうか。

　プラスの財産については、**相続、遺贈または贈与による取得の時に**

おける時価で評価し、債務はそのときの現況（つまりこれも時価）によることとなります（相続税法22）。

相続と遺贈の「取得の時」とは、**遺産分割時ではなく相続開始時**になります（東京高判平成18年9月14日・判時1964号40頁）。

生前贈与は相続開始前の贈与時での時価が基準となります。このため、値上がりが見込まれる資産についての生前贈与は、贈与税の非課税制度を利用することで、結果的に相続税の節税効果が期待できるわけです。

譲渡所得税（財産を残す側）

相続開始後にも、生前贈与の場合と同様、譲渡所得課税が問題となり得ます。

これが相続開始前の場面と違っているのは、被相続人（ないし相続財産）に生じた譲渡所得税の納税義務を相続人らが承継することになる（国税通則法5Ⅰ）という点です。

もっとも、個人が相続ないし遺贈で取得する財産（ただし、限定承認の場合を除く）については、生前贈与の場合（→62頁）と同じく、課税の繰り延べがなされ、相続時点での譲渡所得課税は生じません（所得税法60Ⅰ①）。

「その者が引き続きこれを所有していたものとみなす」という条文の文言は少しわかりにくい表現ですが、「その者（相続人・受遺者）が相続以前から引き続いてその資産を所有していた＝譲渡所得が現実化していない」と考える、程度の意味です。

ただ、相続の場面でも譲渡所得課税が生じる注意すべきパターンが2つあります。

相続人・包括受遺者が**限定承認を行った場合**（民922、所得税法59Ⅰ①参照）、そして、**法人に対する特定遺贈がなされた場合**（所得税法59Ⅰ）です。

これらは、**その事由が生じたときに時価での資産譲渡があったものとみなされる**ので、その資産の取得費との差額（含み益）がある場合、

その部分について譲渡所得課税がなされてしまいます。

　　　　　　　　　　　　これは、限定承認を使いづらくしている
　　　　　　　　　　　　要因の一つです。

　取得費が明確に証明できる場合はまだいいほうですが、「大昔に父親が買った土地で、いくらで買ったのか見当もつかない」といった場合、取得費は時価の５％しか認められません（租税特別措置法31の４Ⅰ参照）。取得してから20倍の値上がりがあったのと同じ計算になるわけですが、この負担はバカになりません。

　特に頭が痛いのは、被相続人が法人に不動産を特定遺贈した場合で、法人が遺贈を承認した場合、本来の相続人の手元にはその遺贈財産についての利益が入ってこないのに、譲渡所得課税の義務だけ負わされることになってしまいます。

　遺贈を承認した法人に法人税課税が生じるのはいいとして、相続人がこの譲渡所得課税を避けようと思うと相続放棄するくらいしか手はありません。

　ところが、法人に対する包括遺贈がなされた場合はというと、その法人は所得税の課税上、「相続人」と扱われ（所得税法２Ⅱ）、単独の包括受遺者であれば単独で、他に相続人（包括受遺者）がいればそれらの者と按分で、譲渡所得税の納付義務を負担することになります（国税通則法５Ⅱ）。**法人であっても（法人税ではなく）所得税（譲渡所得税）を課せられるというやや珍しいパターン**です。

　法人に対する遺贈がなされた場合、それが特定遺贈か包括遺贈かによって、本来の相続人の税負担は大きく変わることになり、やや気持ちの悪さを感じるところですが、とりあえず注意が必要です。

遺産の分け方と課税問題

　では、相続人、受遺者ら間の遺産の分け方で、課税上注意しておくべき点はあるでしょうか。

⑴ 分割等方法での問題

たとえば、複数の共同相続人で不動産を分割する場合、資産自体を分割する方法（現物分割）もあれば、一部の共同相続人が取得して他の相続人に代償金を払う方法（代償分割）、資産を売却してその代金を分割する方法（換価分割）などもあります。

これらの場合も、**まず遺産の内容・額に従って相続税の総額が決定**され、それが遺産分割協議等で実際に財産を相続することになった者（相続人や受遺者、受贈者等）に、その取得割合に応じて按分で割り付けられるというルールは変わりません（相続税法11）。

代償分割の場合にも、相続人間での資産譲渡という捉え方はせず、そこで譲渡所得課税が生じることもありません。また、これに特定遺贈が加わる場合も同様です。

ただし、代償分割の場合、代償金の定め方には注意が必要です。というのも、他の相続人Bに代償金を支払って資産を単独で取得した相続人Aも、その資産を他に売却するとき（ここで譲渡所得課税が生じます）、Bに支払った**代償金を「取得費」（所得税法38Ⅰ）に含めることは認められていない**からです（最判平成6年9月13日・判時1513号97頁）。

Aとしては、**時価額だけを基準に代償金の算定・支払いを行ってしまうと、資産譲渡時には（被相続人から引き継いだ）譲渡所得を自身で丸々負担しないといけなくなります**。そのため、代償金を支払うときは、将来見込まれる譲渡所得課税の一部を代償金取得者に転嫁できるような価格設定を行う必要があります。

譲渡所得の関係でもう一つ。換価分割の場合は、相続財産の売却の時点で資産の含み益（あるとすればですが）が現実化していることが明らかなので、さすがに課税の繰り延べは認められず、譲渡所得課税は避けられません。ですから、この負担が生じることも前提にした上で、売却代金等相続財産の分割条件を協議するべきです。

⑵ 相続分の譲渡について

遺産分割と似て非なるものとして、相続分の譲渡（民905）がありま

すが、これは対価を伴う場合と伴わない場合で、課税の有無が異なります。

　まず、相続人Cが相続人Dに、自分の**相続分を有償で譲渡する場合**、Cは相続人ではなくなりますが、この場合にDから得た対価も相続により財産を取得したものとして（相続税法基本通達11の2-9参照）、相続税が課せられると考えられます。他方、Cには譲渡所得課税は生じません。

　次に、相続人Cが相続人Dに、**自分の相続分を無償で譲渡する場合**ですが、これによって、やはりCは相続人ではなくなりますが、このときはCには相続税の課税は生じません。DはCから取得した相続分が加わることにより相続で取得する財産の価額が増額となり、これに応じた相続税課税を受けます。この場合も、Dに相続分を譲渡する段階では、C・Dには譲渡所得課税は生じません。

> なお、近時、相続分譲渡が、原則として、その譲渡をした者の相続において持戻しの対象となる「贈与」（民903Ⅰ）に当たるとする判例が出ています（最判平成30年10月19日）。

(3)　後発的な相続関係の変動について

　以上は遺産分割や遺贈により相続関係が定まる場合のケースですが、いったん、遺産分割や遺贈の執行がなされた後でも、それが何らかの事情であとから変更されることはあり得ます。

　まず、**遺産分割を当事者の合意でやり直したとき**ですが、これはいったん確定した遺産分割協議を当事者の合意で解除し、「分割のやり直しとして再配分した」ものといえ、もはや遺産分割による財産取得とは評価しがたいところです（相続税法基本通達19の2-8）。

　その結果、ここで相続人らが行った新たな合意により、新たに資産の処分が生じたものとみるべきことになりますから、当初の分割より資産を減らした相続人には譲渡所得課税が生じるとみる余地が出てきてしまいます。

　もっとも、**当初の遺産分割協議自体に無効原因や取消し原因がある**ような場合には、それによりやり直した分割協議の内容に従って、各相続人が更正の請求（国税通則法23）や修正申告（同法19）を行うことで、相続税課税関係の是正を行うことが可能です。この場合、やり直した分割協議による財産の取得も「相続」によるもの（所得税法60Ⅰ①）として、

取得費の引継ぎ（課税の繰り延べ）により譲渡所得課税は生じないと考える余地はあろうかと思います。

これに対し、遺留分減殺請求権が行使され、その結果、当初の相続（遺贈）関係があとから変動するということも考えられます。この場合、減殺請求により取得する財産が減った（納付すべき相続税額が減った）相続人等は更正の請求（相続税法32Ⅲ）により過納となった相続税額の還付を受け、他方、資産を取得した遺留分権利者は**期限後申告**（相続税法30Ⅰ）の方法により、相続税の申告と納税を行うことになります。

⑷　その他の相続にまつわる課税について

ニッチな問題として、特別縁故者に対する財産分与（民958の3）の際の課税問題がありますが、これは後で分けて見ます（→182頁）。

第2章
相続開始後の道
[法定相続編]

① 相続道の全体図

[法定相続とは!?]

　「相続では、被相続人の意思に基づく遺言相続が原則で法定相続が例外だ」というようなことを書きました。形式的には多分これは正しいのですが、実際にはわが国ではいつやってくるかわからないことの多い死に備えて遺言を残すという習慣があまりありません。

　相続の相談を受ける場合も、やはり割合的に多いのは法定相続分に従った相続を行うことになる案件です。

　そこで、まずは法定相続について見ていきましょう。

どんなとき相続が始まるか [開始要件]

　条文上、「相続は、死亡によって開始する」と書いてあるように（民882）、被相続人が死亡すると相続がスタートします。

　ただこの**「死亡」は、実務的には3つのパターンがある**ということを押さえておきましょう。生物学的には死は一つのはずですが、法的には複数あるのです。

　まず、人が生命活動を停止してしまうというわれわれのよく知っている「死亡」（**自然的死亡**）があります。被相続人が病気やケガ、その他の不幸によって生涯を終えてしまったことが客観的事実として認められる場合です。

たとえば、親戚のおじさんが80歳で天寿を全うして病院で亡くなったというケース。この場合に相続が開始することは問題なさそうですね。死亡のまさにその瞬間から法律的意味での「相続」は始まるわけですが、お通夜、葬儀、初七日の法要が終わり、四十九日も過ぎたころに「さてどうやって分けましょうか」と話題に上る。非常によくある場面です。

　なお、**「自然的・生物学的意味での死亡」**という意味なので、殺人や隕石の衝突など、死亡の原因自体がどれだけ不自然であっても問題はありません。

　それから、**失踪宣告**（民30）も「死亡」（民882）に含まれます。

　失踪宣告は、一定期間生死不明な状態が続いた人について、権利・法律関係の清算や相続処理を行うために設けられている色合いの濃い制度です。

　たとえば、親戚のおじさんが昭和の終わりにフラッと家を出て行ったきり、ずっと音信不通で、今生きていたら80歳だというケース。80歳でもお元気な方はたくさんおり、この年齢だけでは、生きているものとも死んでいるものともどうにも判断がつきません。

　ですが、仮にこれが「生きていたら150歳」であったとしても、死亡の事実を客観的に示す根拠がないと、やはり「絶対に死んでいる」と断定できないものがあります。

　ところが、死亡の事実が確認できないと未来永劫相続ができないというのは困ったものです。そういう人は、というかそういう状況は世の中にいくらでもありますから。

　そこで、そのような失踪者についても裁判所の審判で死亡したものとみなしてしまおうというのが失踪宣告の制度です。

　そしてもう一つ。相続開始原因となる「死亡」として、あまり法律家にとってなじみがない制度ではありますが**認定死亡**というものがあります。

　たとえば、親戚のおじさん（80歳）が、乗っていた豪華客船の沈没事故に巻き込まれてしまい、死んでしまったことはほぼ確実だけれども遺体が見つからないという場合です。

　この場合、おじさんの遺体が発見されないと死亡の事実の確認ができず、民法882条にいう「死亡」と扱うことができません。

第2章
相続開始後の道［法定相続編］

もちろんこの場合でも、失踪宣告の手続によれば相続を開始させることはできるのですが、普通失踪で7年、特別失踪でも1年の失踪期間が必要で、しかも、失踪宣告は申し立ててから審判が確定するまでも長い長い時間がかかってしまいます。
　このようなケースで常に失踪宣告を利用しないといけないとなると、いろいろな不都合が出てきます。
　認定死亡は戸籍法89条に定められている制度ですが、**「水難、火災その他の事変によって死亡した者がある場合」**に、官庁や公署が死亡地の市町村長に死亡の報告を行うという制度です。この死亡報告がなされると戸籍上もその者は死んだものと扱われ、反証がなされない限り、戸籍に記載された死亡時に相続が開始することとなります。
　つまり、**被相続人が死んでしまったことは確実**だけれども、遺体が見つからないために自然的死亡が認められないという場合に備えて、認定死亡という制度が設けられているのです。
　相続の相談を受けた場合、まず被相続人とされる方が上の3つのいずれかの意味で「死亡」しているのか否かを確認する必要がありますね。

誰が相続人か

　さて、相続が開始する「死亡」がどのような場合かはよくわかりました。では次に、誰が相続人になるか、という問題です。

いくつかの基本ルール

(1) いわゆる「同時存在の原則」

　相続するということは、被相続人の権利義務を承継することですから、相続人となる者は、被相続人が死亡した時点（＝相続が開始した時点）で、権利能力を有していなければなりません。

「私権の享有は、出生に始まる」（民３Ⅰ）とあるように、権利能力はこの世に生まれ落ちることで得るものですが、相続に関しては、まだ生まれていない胎児でも権利能力が認められています。

この辺は、詳しくは後で触れます。

そして、このようなルールは**「同時存在の原則」**と言われます。

ただ、このネーミングは、誰が付けたのかはわかりませんがかなり違和感を感じるところです。

「同時存在」というと、なにやら被相続人と相続人が同時に存在していることをイメージしてしまいがちですが、相続開始時はすでに被相続人は少なくとも法的には死んでいるわけですね（ここらへんは、同語反復もいいところですが）。だから、そういった意味での「同時存在」は成り立ちません。

実のところ、ここでいう「同時存在」というのは「被相続人の**死亡と同時に相続人が存在している（権利能力を有している）**」ことが求められるというものですから、まったく意味が異なります。

私なんかは「死亡時存在の原則」と言い改めたほうがよほどわかりよいのではないかと思うわけです。

最初につける名前がそのものの行く末を決定づけてしまう。人の人生にも似たようなことが言えますが、だからこそ名付けは大切であり、また慎重であるべきなのです。

相続に関わる用語の中には、必ずしもそのものの実態（実体）を正しく捉えているとは言いがたいものが多くあり、このことが相続法を学ぶ者をして概念整理や理解を難しくしている一因ではないかと感じています（本書でも、制度や権利の名称について違和感がある点はそのつど指摘しています）。

今般の相続法改正で一部は改められるようですが、相続にまつわる制度や仕組みの理解には、名前に惑わされず、その実体を知る必要があります。

なんとなく相続の話に繋がりました。

ともあれ、相続人となるためには、被相続人が死亡した時点で生きているか、あるいは胎児である必要がある、ということです。

第2章　相続開始後の道［法定相続編］

７５

(2) 相続人となる者の範囲

　当たり前ですが、「相続」である以上、相続人となることができるのは、民法上相続人として定められている、被相続人と**一定の身分関係のある者**に限られます。

　ある人が死んだ時にたまたま横を通りかかっただけの赤の他人は、本人とどれだけ近い位置に立っていたとしても相続人にはなれないのです。

　ここはもう少し具体的に見ていきましょう。

　まず、**配偶者**は常に相続人になります（民890）。

　ただし、内縁配偶者は相続人にはなれず、今のところこの点に異論はありません。

　長年別居しているけれども戸籍上夫婦のままの配偶者は相続できて、長年同居していても籍を入れていない内縁配偶者は相続できないという

のは不合理だ、という意見が時折聞かれます。果たしてそうでしょうか。

　ここは法律上の配偶者か否かという極めて明確なメルクマールが与えられており、これ以上にフェアで合理的な取扱いは考えられません。パートナーの命が尽きたときに自分が相続できるかどうかの予測が極めて簡単なので、あとは当事者、関係者がそれに向けてどのように行動するかだけの問題、ということになりそうです。

　もし内縁配偶者に相続権が認められたりしたら、（内縁の一方当事者が死亡した後に）内縁関係の成否といった不明確な事実の有無が争われるケースが多発し、相続案件はもっと陰惨で混沌としたものになっていたでしょう。

　そういうわけで、私自身は法律婚の存在を配偶者の相続の要件とする今の考え方にはそれなりの合理性、実質的妥当性があるんじゃないかと思っています。

　次に、**子**がいます（民法887Ⅰ）。

　子は、実子であるか養子であるかは問いません。

> 最高裁の違憲判決を受けた平成25年の民法改正により、嫡出子か非嫡出子かという区別も意味を持たなくなりました。

　ただし、ここでいう「子」も生物学上のものではなく**法律上のもの**ですから、父親と生物学上の繋がりがあっても、認知されていない非嫡出子はそのままでは相続人になることができません。父親が認知するか、子の側から認知の訴えを起こす必要があります。

　次に、被相続人の父母等の**直系尊属**（民889Ⅰ①）、次いで**兄弟姉妹**（同②）です。

　これら子、直系尊属、兄弟姉妹の三者は普通、被相続人と血のつながりがありますから、**血族相続人**といいます（が、実際には養親や養子も含まれますから、「要するにそういう名前なのだ」ととらえられれば十分です）。

　そして、先ほど書いたように、相続に関しては胎児も権利能力を有するものとされます（民886Ⅰ）。

　民法は、「私権の享有は、出生に始まる」との定めを維持しつつ、「胎児は、相続については、既に生まれたものとみなす」（民886Ⅰ）という、ちょっと回りくどい定め方をしています。

もっとも、これは母親の妊娠中からおなかの中の子を含んだ遺産分割協議が可能という話ではなく、**無事生きて生まれたならば相続開始の時に遡って権利能力（ひいては相続人たる地位）を取得する**という理解（停止条件説）が一般的です（家督相続の事案ですが、大判大正6年5月18日・民録23輯831頁参照）。

　たとえば、被相続人の配偶者が相続開始時に妊娠していたとしても、無事に生まれるか否かで相続人の範囲が大きく違ってくることになります。

　赤ちゃんが無事生まれたらその子と配偶者が相続人になりますが、不幸にも流産や死産となってしまった場合には配偶者と直系尊属（いなければ兄弟姉妹）が相続人となります。

　そのため、こういったケースでは、配偶者の出産を待って、相続や遺産分割の協議を行うのが一般的でしょう。

　ただ、胎児は生まれて出生届が出されるまで戸籍に載りませんから、相続開始時に妊娠しているかどうかは関係者に確認するしかありません。ここは少しデリケートな問題でもあるので、聞き方は各自工夫してみてください。

　胎児の相続権は、被相続人の配偶者が相続開始時に懐胎している場合のほか、子の代襲・再代襲相続や、兄弟姉妹の代襲相続の場面でも問題となり得ます（被相続人の母が被相続人の弟ないし妹を懐胎していた場合は法定相続では問題とはなりません。なぜかはヒマで仕方ないときにでも考えてみてください）。

　さて、「同時存在の原則」（→75頁）からすれば、被相続人の子や兄弟姉妹が相続開始時にすでに死亡していた場合には、その者による相続はそもそも問題となりません。

　ところが、そのような子、兄弟姉妹が死亡した（または欠格・廃除の対象となった）時点ですでに子（養子を含みます）がいた場合には、その者の子がさらに相続人となります。これが代襲相続（民887Ⅱ）ですが、兄弟姉妹の場合と異なり、子については2段階目の代襲（再代襲）も認められています（同Ⅲ）。

　さて、実務で「ハンケツ」という場合、大抵は「判決」ですが、ごく稀に「半血」の場合があります。そう、「半血の兄弟姉妹の相続割合」

の問題です。この「半血」問題は、実務で直面する場面が少ないことも
あって、何度覚えても知識がなかなか定着しないという実務家が私を含
めて一定数います。

　これは、子や直系尊属がいないか相続放棄等によって相続人とならな
い場合、つまり**兄弟姉妹が相続するパターンに特有の話で、全血の
者と半血の者**（いわゆる異父・異母の兄弟姉妹）**とがいる場合には、後
者の相続割合は前者の2分の1になりますよ**（民900④）というこ
とです。

　全血、半血なんてどうにも血生臭く、また若干危険な香りの漂う言葉
使いだとは思いませんか。ですが、この全血・半血による相続割合の差
異は、以前あった嫡出・非嫡出の別による差別的な取扱いと異なり、血
縁関係の濃さという、一応多くの人がそれなりに納得しやすい点に根拠
があるため、現在でも生きています。

　ついでに、基礎中の基礎、基本中の基本で、わざわざ説明するのもた
めらわれるところではありますが、相続に関する本なので、**配偶者と
血族相続人の相続分**（法定相続分）を確認しておきましょう。

　基本的ルールとして、第1順位の「子」、第2順位の「直系尊属」、
第3順位の「兄弟姉妹」が相続人となる場合、前記の第3順位の「全
血／半血のきょうだい」（民900④）がいるケースを除いて、それぞれ
同順位内での相続割合は平等です。ですから、子二人が相続人となる場
合は2分の1ずつ、実父と実母が相続人となる場合も2分の1ずつ、
全血の兄・姉・弟の3名が相続人となる場合は3分の1ずつとなりま
す（いずれも配偶者がおらず血族相続人だけがいるという前提です）。

　ところが、血族相続人だけでなく配偶者もいる場合となると、血族相
続人が1～3のどの順位の者かで配偶者の相続割合は変わってきます。

　具体的には、配偶者と第1順位相続人（子）の場合は配偶者と血族相
続人（子）の相続分の割合は2分の1ずつですが、これが第2順位との
組み合わせの場合は配偶者は3分の2、第3順位との組み合わせにな
ると4分の3となります（民900①～③）。

　以上が法定相続分と呼ばれるものですが、実際に分割を行う場合には、
これが特別受益や寄与分といった種々の要因により修正され、最終的に

「具体的相続分」と呼ばれる、各相続人が具体的に承継する遺産の内容に形を変えることとなります。

ただし、両者は概念的な違いなので、法定相続分と具体的相続分が一致するという場合もあるでしょう。

相続人の調べ方

　先に見たように、相続人となるには、法律上の配偶者であるか、あるいは血族関係にあることが必要となります。
　つまり、誰が相続人となり得るかは戸籍を見ることで一応、画一的、明確に判断することができるということです。
　では、「戸籍を見る」というのはどうやればいいのでしょうか。
　弁護士でも事務員さん任せで自分でやってみたことがない人は、「被相続人の戸籍を集める」という作業のイメージが掴みづらいところです。イソ弁もいつ事務所を放り出されるかわからない時代ですから、自分でも戸籍の追い方、読み方を身につけておきましょう。
　まず、死亡した**被相続人が除籍されたことがわかる戸籍ないし除籍の全部事項証明**を取ります。
　「除籍」というのは、ここでは**従前の戸籍から除かれること**を指します。
　実は、実務家の中でも、その事案で取るべき証明書が戸籍全部事項証明書なのか、除籍全部事項証明書なのかがしっかりと判断できないということがあり、そういうときは「ご主人が亡くなったことがわかる**ゴフッ（咳払い）籍**を取ってきてください」という言い方が用いられます。
　こういう場面で、相談者から「え？　先生、取るのは戸籍ですか？　それとも除籍ですか？」と聞かれると、「まあどちらになるかはケースバイケースですね。さて…」と切り返すわけですが、どういった場合が「戸籍〜」でどういった場合が「除籍〜」なのかを確認しておきましょう。
　「自分は戸籍と除籍がきっちりわかっている」という優秀な方は、2頁ほど先へ急いでください。

　被相続人の属した戸籍にまだ他に配偶者や子がいたりすれば**戸籍全部事項証明**が発行されることになりますが、死亡によってその戸籍に誰もいなくなってしまう（全員が除籍されてしまう）と発行されるのは**除籍の全部事項証明**になります。だから「**被相続人が除籍されたことがわかる戸籍ないし除籍の全部事項証明**」という言い方になるわけです。

　つまり、同じ戸籍に入ったままの奥さんである相談者に「亡くなったご主人の除籍謄本を取ってきてください」というのは不正確ということになりますね。

　正確な表現なのかどうかは別として、これらを合わせて「戸除籍証明」ということがあります。

　ただ、そこで最初に取得された戸除籍証明は、あくまでも被相続人死亡時の最新（最終）のものであって、それが作られた以前の親族関係を示すものではありません。

たとえば、死んだ父親が40歳の時に母と結婚して新たに編製された戸籍では、35歳の時に婚外子を認知していたとしても、その事実は記載されていないため確認できません。ですがこれを落とすと、相続関係が確定できないのです。

　また、戸籍は本籍地の自治体ごとに作成されるので、本籍を移した場合、あとの戸籍では前の本籍地での戸籍の内容は確認できません。

　そこで、**戸籍を遡るという作業**が必要になるわけです。

　具体的には、その戸籍に書いてある前の本籍の記載（たとえば全部事項証明書の「従前戸籍」や戸籍謄本の「○○県○○市より転籍届出昭和○年○月○日受付入籍」等）をもとに、前に本籍が置かれていた自治体を確認し、そこで一つ前の戸籍を取得するのです。

　徐々になんだか面倒な話になってきました。

　ですが、あなたの担当の事務員さんはこの「戸除籍を遡る」というややこしそうな処理を、それこそ息を吸って吐くのと同じくらい手慣れた感じでこなしてくれているのです。そうすることで、次第に被相続人の結婚や子の出生の事実などが浮かび上がってきます。

　ですが、それらの者が相続開始時に生存しているかどうか、また遺産分割をしようとしている今の時点でなお生きているかどうかは、被相続人の戸籍を見るだけではわかりません。（再）代襲相続が生じてるかもしれませんし、再転相続（相続人が熟慮期間中に放棄や承認をしないまま死亡し、その相続が開始された場合）や数次相続となっている可能性もあります。

　そこで、被相続人の戸籍・除籍を確認するのみでなく、**その相続人となる者の戸籍まで枝分かれして調べる必要**があり、これは相続人（候補者）が確定するまで行います。こうすることで初めて、被相続人の親族関係や誰が相続人となるかの判断・把握が可能になります。

　このように、**戸籍を見ることで相続人となり得る者の範囲を知ることができる**というのは、利害関係者が多数生じがちな相続問題の処理のあり方として極めて合理的なんですね。

　ただ、私は冒頭で「誰が相続人となり得るかは**一応**、画一的、明確に判断できる」と書きました。

　なぜ「一応」かというと、結局、遺贈や死因贈与みたいなのは、被相

続人の親族や債権者からはわかりにくいことも多いからです。場合によっては、秘密証書遺言でなされた認知のために、相続関係が周りの人が予想（期待）していたのとがらっと変わってしまうなんてこともあるくらいです。

それでも法のルール上、相続人の範囲が明確になっているということは十分なメリットと言えるのです。

さて、平成29年5月より、いよいよ**法定相続情報証明制度**がスタートしました。

これは、すでにご存じの方もおられるでしょうが、何も今までの戸籍・除籍全部事項証明書等の収集がいらなくなるなんていうウレシイ話ではありません。それらの相続関係資料を集め、法定相続情報一覧図という相続関係図的なものを作成して法務局に申し出ることで、**登記官の認証文言付きの相続関係図（法定相続情報一覧図）を無料で交付してもらえる**という、ただそれだけの制度です。結局、最初は自分で戸除籍証明等を集めて相続関係をきっちり確認しないといけないのです。

ちなみにこの制度は、所有者不明の土地や空き家問題の一因とされる相続登記未了物件をなんとかしたいという政策的な考慮が背景にあったようです。

実際のところ、この制度によって、今まで相続登記がなされずに放置されていたような事案のうちどれだけが、今後適切に処理されるようになるかは未知数です。ただ、実際に相続処理にあたる実務家にとっては、この法定相続情報証明制度はそれなりに使い勝手が良さそうに見えます。

これまでの相続案件処理では、相続関係を明らかにするために、役所や金融機関、保険会社などへ戸除籍証明書の原本をそのつど提出して確認してもらうという面倒な手続が必要でした。同じ原本を提出先の数だけ複数そろえるというのはムダが大きいので、結局は手続をする機関に原本を提示し、それを還付してもらってということを手続の数だけ繰り返す必要がありました。これでは、相続処理をしたい相続人の側は大変な時間と労力を強いられることになります。

一方、提出を受ける側もそのつど、戸除籍証明の内容を確認して、相続関係を確認するというまどろっこしい作業が必要でした。相続関係の

把握を間違えると影響が大きいので、手続機関の側もそれなりに神経を使います。少なくとも進んでやりたいほど心躍る作業ではありません。

そのため、相続案件の処理にはかなりの時間がかかるというのが、ある種の共通認識になっています。

ところが、法務局の登記官の認証付きの明確な相続関係図（法定相続情報一覧図）があれば、相続人の側はいちいち戸除籍証明書の提出・原本還付という不毛なルーチンワークを繰り返す必要はなくなりますし、手続機関の側も相続関係の把握に時間と労力と神経をすり減らさずにすみます。そのうえ、相続案件全体でも記録作成の省力化が図られます。

このように、法定相続情報証明制度は、社会全体にはびこるムダを大きく減じることのできる、すばらしい制度であるように思えるのです。

そのためには、この制度による相続関係の証明・確認の手続が相続の現場で十分に浸透し、広く受け容れられることが必要不可欠なのですが。

何が相続されるのか［相続財産］

相続が始まるタイミングや、誰が相続人になるかといった一般的事項は以上に書いたとおりです。

では、相続では実際に何が引き継がれるのでしょうか。

引き継がれるものとそうでないもの

相続では「被相続人の財産に属した**一切の権利義務**」が承継されます（民896）。

というわけで預金債権や貸金債権、動産・不動産等の所有権・占有権はもちろん、債務も相続の対象になります。この辺は法律家でなくとも一般的な知識として広く知れ渡っているところだと思います。

のみならず、そのような権利義務のレベルには至らない**財産法上の法的地位**も相続の対象とされることがあります。たとえば、無権代理

人としての地位や善意者・悪意者としての地位などです。

　子供に勝手に自分の土地を売られたり担保設定されたりというケースは模擬裁判でもよく出くわす家族のあり方の一つですが、その後にその子が死んで自分が相続すると「本人の無権代理人相続」というパターンになります。逆に父親が死んで勝手に売った子が相続すると「無権代理人の本人相続」。どちらのケースも、**相続したほうは追認拒絶できるか**という問題が生じるわけですが、これもそのような「無権代理人の地位」「本人の地位」といった「財産法上の地位」が相続されるからこそ生じる話です。

　このように、相続では権利義務だけでなく**財産法上の法的地位**も対象になるということです。

　一点注意が必要なのが、但書で「被相続人の一身に専属したもの」が除外されている点です。

　一般的・原則的なルールを定め、個別に例外を定めていくというやり方は法の常套手段ですが、ことこの相続の対象に限って言えば、つぶさに確認していくと、少し「一切の権利義務」色が薄くなっていきます。要するに権利義務でも相続の対象にならないものがけっこうあるのです。

　「一身専属」的とはどういうことかですが、**「被相続人個人の人格・身分と密接なかかわりをもつため、その移転や他人による行使・履行を認めることが不可能または不適当なもの」**を言います（新基本コンメ・相続 39 頁）。わかりやすいようでよくわかりませんね。

　たとえば、代理権（民 111 Ⅰ①）とか使用借権（民 599）、委任契約（民 653①）のように、条文で明確に帰属主体の死亡を権利義務の消滅や終了の原因としているものがあって、これらは、その一身専属性が根拠になっていると考えられます。

　父親が有能でもその子が同じようにクレバーだとは限らないし、同じように信頼関係を築ける保証もありません。そうなると代が変わっても契約の拘束力を引き続き認めちゃうよというのでは色々とさしつかえが出てきてしまいます。

　雇用契約の場合も同じで、父親が死んだからといって、その翌日から息子や娘が親の元職場に働きに出てきたりしないのは、労働債務が相続

の対象にならないからです（すでに発生している賃金債権のほうは相続されると考えてよいのですが）。

　もともと一身専属的な性格のある慰謝料請求権は、かつてはその相続の可否が問題とされていたのですが、昭和42年の最高裁判決で、当然に相続が認められるものとされました（最判昭和42年11月1日・民集21巻9号2249頁）。

　権利はまだいいのですが、相続することでより深刻な問題が生じ得るのが債務の場合です。世の中には、お金をもらうのはいいけど払うのは好きじゃないという人が多いようです。

　単純な貸金債務なんかと同じで、保証債務も通常は相続の対象になると考えます。ところが、その中でも労働契約の被用者の身元保証（大判昭和18年9月10日・大民集22巻948頁）や包括的な根保証（最判昭和37年11月9日・民集16巻11号2270頁）のように**人的な信頼関係が強いことが前提となる継続的保証**は、相続が否定されることがあります。

　ちなみに被用者の身元保証については「身元保証に関する法律」という**「朕」で始まる**古い古い根拠法（昭和8年10月1日施行）があり、その保証期間の制限が置かれていますが、この法律は今も生きています。

　さて、これらの承継されない権利義務はどうなるんでしょうか。

　…どうなるんでしょうね。相続によって元の帰属主体（つまり被相続人）は死亡しており、かといって引継ぎ手もいないわけですから、**消滅する**のだと考えるほかありません。

　なお、祭祀財産と呼ばれるもの、つまり系譜、祭具及び墳墓の所有権などは相続の対象にはなりませんが（民897Ⅰ）、これは被相続人への一身専属性を理由とするものではなく、そもそもその性格上相続財産としての扱いになじまないからです。

　遺骨は条文上定められている祭祀財産に直接的には含まれませんが（墓に納骨していたら墳墓に付合するのでしょうか）、祭祀財産に準じるという考え方があります（東京家審平成21年3月30日・家裁月報62巻3号67頁）。

望ましくない相続

　財産だけであればいいのですが、債務も財産法上の地位も、相続による承継の対象となってしまいます。相続人の側からすれば、ありがたくない相続はできれば御免被りたいところでしょう。

　遺産に500万円の預金があっても、それを相続することで3億円の負債が一緒についてくるというのでは、正直たまったものではありません。

　そこで、相続は相続人が望まない場合、それを拒否したり、あるいは引き継ぐ負債などをプラスの財産の範囲に限定したりという方法が設けられています。

　そう、相続放棄（民915Ⅰ）、限定承認（民922）の制度です。

(1)　相続放棄

　まず、相続放棄ですが、これは相続により生じる一切の権利義務の承継を放棄する、**相手方のない単独行為たる意思表示**です（民938）。

　資産も負債も一切引き継がないという話ですから、極めて明確で手続負担も少ない制度です。

　放棄をした相続人は、はじめから相続人とならなかったものとみなされますから（民939）、少なくとも相続人（になるところだった者）にとってはリスクのない選択ですね。

　ただし、いくつか注意点があります。

　まずは、自己のために相続の開始があったことを知った時から**3か月以内**に、家庭裁判所に放棄の申述をしなければならず（民915Ⅰ）、これを徒過してしまうと単純承認として扱われてしまうということです（民921②）。

　その一方、相続放棄は被相続人が生きている間はできません。被相続人の生前の放棄の手続が法律上認められていないのです。

　また、放棄の申述の前後を問わず、相続財産を処分してしまったり、隠匿、費消、目録への悪意での不記載などをしてしまったりすると、こ

れもまた単純承認があったものとして扱われてしまいます（民921①・③）。

　なお、何が法定単純承認事由である相続財産の「処分」（民921①）に該当するかは種々議論のあるところです。この点、相続人が相続財産のうちから被相続人の葬儀費用や墓石費用を支出したとしても、それが不相当に高額であるといった事情がない限り「処分」にあたらず、単純承認の効果は生じないと考えられています（大阪高決平成14年7月3日・家裁月報55巻1号82頁等）。ですが、基本的に相続開始後に何らかの支払いを相続財産の中から行うことには慎重であるべきです。ここはあとで詳しく見ます（→92頁）。

⑵　限定承認

　限定承認は、相続で得られるプラスの財産の範囲でのみ相続債務と遺贈を弁済するという、**限定的な相続の承認の手続**です。

　「母親が唯一遺してくれた自宅の土地建物は守りたいけれど、その時価額を超える多額の借金があるのでどうしたらよいか」という相談を受けた場合を想像してみてください。

　その相談者が自宅の時価額に相当するお金を用意できるのであれば、限定承認（民922）したうえで、その時価相当額を自ら支弁し、相続債権者への弁済に充てるという方法が考えられそうです。この場合、遺産の土地建物を売ってお金に換える必要はなくなりそうです。

　このとき、相続財産が債務超過の状態ですから、当然、相続債権者は満額の支払いを受けることができなくなります。相続債権者が複数いる場合には、その債権額の割合に応じて按分で弁済することになります（民929）。

　こう考えると、限定承認は、相続債務超過の場面で、債務すべての負担を避けたい相続人がプラスの遺産の限りで相続債務や遺贈義務を承継する手続**のように見えがち**です。

　ところが、法理論的には、相続人は、限定承認によってプラスの遺産のみならず、マイナスの遺産（相続債務）をも含むすべてを承継し、ただ、それら債務に対する責任がプラスの遺産の範囲に限定されるのだという説明がなされます。つまり、限定承認によって、限定承認者（相続人）

に承継される相続債務の一部がいわゆる「責任なき債務」になるのであり、これが限定承認で「債務と責任がはっきりと区別される」と言われるゆえんです（谷口知平・久貴忠彦編『新版 注釈民法(27) 相続(2) 相続の効果—896条～959条〔補訂版〕』〔有斐閣〕548頁）。

相続債務自体はすべてが承継されるわけですから、相続人がプラスの財産の限度を超えて相続債務を弁済してしまった場合にはそれは非債弁済にはなりません（つまり、不当利得返還請求はできないということになります）。

限定承認はその目的とするところ自体は合理的といえ、相続債務の多い（あるいはそのおそれのある）相続の場面で相続人にちょうどよい解決をもたらしてくれそうに思えます。

ところが、制度的な使い勝手の悪さや相続人にとって一定のリスクが残る、税務上の負担が生じる場合があるなどの問題があり、悲しいことに実際には利用件数はあまり多くありません。

　　　　　　　この点については、後で詳しく見たいと思います（→160頁）。

どのように相続されるのか [相続分]

単純承認と法定単純承認

(1) 単純承認とは何か

遺言相続、法定相続を問わず、相続を前にした相続人がとることができる方策は3つあります。

そのうち2つが先に述べた**相続放棄**、**限定承認**であり、3つ目が**単純承認**というものです。

単純承認というのは、読んで字のごとく単純に相続をそのまま承認して受け容れるということで、その結果、資産も債務も被相続人の有していたものはすべてひっかぶるという方法です。

条文上、単純承認をした相続人は「無限に」被相続人の権利義務を承継するとされており、この「無限に」という表現に人は少し身構えてしまうものです。

　商事法に見られる「**無限**責任社員」や「平行に置かれた**無限**に小さい円形の断面を有する**無限**に長い二本の直線状導体」（計量単位令 別表第一の四）、「**無限**軌道装置により走行するもの」（武器等製造法施行規則２Ⅰ⑦）というように、とかく法令の世界では「無限」とつくと**何か人の手に負えないやっかいなもの**というイメージがつきまといます。

　しかし、単純承認にいう「無限に」というのは口語的な「無限」とは少し意味合いが違っており、単純承認したからといって、元々相続の対象とならない一身専属的な地位や権利義務（→84頁）まで引き継げるわけではありません。

　とはいえ、相続人が相続財産・相続債務の内容を精査、把握していたかどうかに関係なく、単純承認によってそれらすべてがそのまま承継さ

れてしまうので、安易に考えることはできません。目先の 10 万円欲しさに単純承認したところ、負債が 1 億円あったことが後からわかったという場合でも、相続の効果はきっちり発生してくれるからです。

この場合、引き継いだプラスの資産を超えてしまう 9,990 万円の債務も相続人に引き継がれ、結局のところ、相続人自身の財産が債務の引き当てとなってしまいます（あればの話ですが）。

そういう意味で、ここでの「無限に」というのは、一般に**「プラスの相続財産の範囲に限定されることなく」**という意味を持ち、限定承認（民 922）の「限定」という語に対置されるわけですね。

(2)　意思表示で単純承認は生じるか

では、この単純承認、どういった場合に生じるのでしょうか。それが問題です。

まず、相続人である者が「私は、相続を単純承認します」という意思表示を行うことで単純承認の効果が生じるか否かという議論があり、ここをどのように考えるかは法定単純承認の効果や「単純承認の意思表示の撤回」を認めるか否かという点に影響してきます。

ところが、これは学者の世界ではそれなりに意味はあるのかも知れませんが、少なくとも実務ではさほど重要な議論ではありません。というのも、実際の相続の場面では、「私は、相続を単純承認します」と高らかに宣言するなどということは普通ないからです。

また、相続をそのまま受け容れようとする相続人は、熟慮期間内に放棄や限定承認の手続をとることはないでしょうし、いずれ相続することを前提とした資産処分などの行動に出るわけですから、「単純承認の意思表示があったか否か」というような曖昧な基準を問題にする意味もほとんどないのです。

ということで、さっさと前に進みましょう。

(3)　注意すべき法定単純承認事由

さて、「単純承認します」などという風変わりな宣言を殊更に行うケースは多くないとしても、一定の条件を満たした場合、相続人は法律上、

単純承認したものとみなされてしまいます。相続人がいつまでも放棄も限定承認もせず、かといって相続が承認されるか否かが定まらない状態が何年も何十年も続いてしまうと困るからですね。

これが世に名高い**法定単純承認**（民921）です。

では、意思表示でないのに、単純承認の効果が法律上発生する場合にはどんなものがあるでしょうか。

これは、特に相続することを積極的に望まない状態に置かれている相続人にとっては重要で、深い理解と慎重な検討が求められる事項です。

民法921条は3つのパターンを用意してくれています。

① 相続財産の全部または一部の処分（民921①）

まず第一点目として、相続人が相続財産の全部又は一部を処分してしまったときがあります。

これはわかりやすいでしょう。

相続放棄であれば相続財産には手を付けられなくなるはずです。また限定承認をする場合には後で述べるようなまどろっこしい手続が必要ですし、資産の処分も法の定めに従って行わなければなりません。

ところが、そのような点を踏まえずに相続財産を処分するということは、それすなわち相続を単純に承認する意思の表れではないかと見るのが自然です。周りの第三者もそう思うのが普通です。私もそう思います。

というわけで、**相続財産の全部、あるいは一部でも相続人が処分した場合は、それは相続を単純承認したものと扱われる**ということです。

ここで少し注意が必要なことが3つほど。

ここにいう「処分」は**限定承認ないし放棄の申述の前になされたもののみをいう**、ということです（大判昭和5年4月26日・大民集9巻427頁）。逆に言うと、相続人が家庭裁判所に相続放棄や限定承認の申述をしたあとに、相続財産の処分を行ったとしても、それはこの1号の「処分したとき」にはあたりません。これは後に見る3号の「相続財産の隠匿・私的な消費等」が放棄・限定承認の前後を問わないのと異なっています。

たとえば、被相続人の子が放棄したことにより、第三順位の相続人である兄弟姉妹が相続人となるというケースは珍しくありませんが、その

ときでも放棄したあとに子が被相続人名義の現金を遊興に使ったからといって、**この1号の「処分したとき」として法定単純承認の効果が生じるわけではないのです。**

じゃあ、放棄した子が使い込んだ金はどうなるのかという話ですが、これはあとに見る3号の「私的な消費」の問題です（→95頁）。

次に、この「処分」は、**相続人が自己のために相続が開始したことを知って、あるいは少なくとも被相続人が死亡した事実を確実に予想しながらあえて行ったもの**である必要があります（最判昭和42年4月27日・民集21巻3号741頁）。息子が父親の預金を勝手に引き出して使ってしまったとしても、その時点で息子が父親の死亡や相続の開始を知らず、それが無理からぬといったケースでは、資産処分時に被相続人が死亡していた事実があったとしてもなお法定単純承認とはなりません。

じゃあ、父親の死を知らずに子が勝手に財産を使い込んじゃった部分はどうなるのかという話ですが、これは相続人となる者などとの間で精算するなりなんなりしたらいいんじゃないかと思います。

そして、もう一つは、**保存行為（あるいは民法602条で短期賃貸借となる期間を超えない賃貸）を行うことは、民法921条1号にいう「処分」から明示的に除かれている**という点です。

「保存行為」というのも日本語でありながら、まったく意味のとりにくい言葉ですね。とりあえず、動産を箱に収めて大事にしまっておくようなことは「保存行為」とみていいのでしょうか。

管理行為、処分行為、保存行為、どれもその範囲や対象の切り分けがわかりにくいところです。どうにも言葉づらだけでははっきりしないので、これはもう個別に考えるしかありません（当然のことながら、相続の承認に関わるものであるため、以下の行為はすべて相続人となる者が行った場合のこととなります）。

まず、「保存行為」にあたり単純承認の効果が生じないものとして、相続財産である道具類の無償貸与（最判昭和41年12月22日・家裁月報19巻4号53頁）があります。

また、「保存行為」とは言いがたいものの、「処分」にはあたらないものとして、先に見たように被相続人の葬儀費用、墓石購入費用を相続財

産から支出した場合があります（大阪高決平成14年7月3日・家裁月報55巻1号82頁）。

　他方、「処分行為」として単純承認の効果が生じてしまうものとしては、売却や遺産である物の毀損（＝事実上の処分行為）は勿論のこと、相続**債権の取り立てやその受領**などがあります。

　相続財産の回収・費消ではなく**相続債務の弁済はどうか**が問題となり得ますが、この点は実は学説の理解は分かれています。分かれていますから、結局実務的には安全をとって「弁済は相続財産の処分にあたる」と捉え、**放棄・承認の方針が定まるまでは相続財産からの相続債務の弁済を行わないのが得策**でしょう。古い判例ですが代物弁済を「処分」にあたるとしたものがあります（大判昭和12年1月30日・大民集16巻1頁）。

　相続債権者、受遺者が財産分離の請求ができる期間内（＝相続開始の時から3か月以内。民941Ⅰ）には、相続人はそれら相続債権者等に対する弁済を拒絶することができるので、あまり問題になるケースはありませんが、熟慮期間内にどうしても弁済しておいたほうがよい債務がある場合には、相続人の財布（＝相続人の固有財産）からの支払いであれば「処分」の問題は生じません（福岡高裁宮崎支部決定平成10年12月22日・家裁月報51巻5号49頁）。これは相続財産の処分でない以上、当たり前といえば当たり前の話ですが、実際の処理の上では有用な方法です。

② 熟慮期間の経過（民921②）

また、熟慮期間（＝相続開始を知った時から3か月以内。民915Ⅰ）内に限定承認も相続放棄も行わなかった場合にも、これまた単純承認の効果が生じます。

　法定単純承認の中では消極的な印象がありますが、これが実は最も多いパターンです。つまり、世の中の多くの相続案件では、相続人が放棄も限定承認もせず、かといって明示的な単純承認の表明を行うこともなく故人の権利義務を引き継いでいる、ということです。

　3か月という期間では相続に関する方針を決めるには足りないという場合もあるので、この熟慮期間は利害関係人や検察官が家庭裁判所にその期間の伸長を請求することができます。その際、相続財産の多寡や構成・

複雑性、所在地、額、相続人の居住地等をもとに、伸長を認めるべきか否かが検討されますが、この申立てが認められた場合には、さらに3か月程度、熟慮期間の伸長がなされることが多く、複数回の伸長が認められるケースもあります。

ただ、当たり前の話ですが、この伸長の請求自体は当初の熟慮期間が満了する前に行わなければなりません。

③ 相続財産の隠匿・消費等（民921③）

法定単純承認になる場合の3つめのパターンは、相続人が、相続財産の全部ないし一部を隠匿し、私に消費し、または悪意でこれを相続財産の目録中に記載しなかったときです。

相続財産の全部ないし一部について、㋐隠匿、㋑私的な消費、㋒悪意での目録不記載という行為を行った場合それぞれについて、少し見ていきましょう。

まず、㋐隠匿ですが、文字どおり相続財産を「かくす」行為であって、これには当然のことながら相続人の意図的要素が要求されます。うっかり忘れていたという場合は含まれないことになりますが、その言い分が通るかどうかは「忘れていた」財産の内容や「忘れ方」によります。

では、たとえば、存在を知らなかった財産が後から出てきた場合、それを相続人となった者に伝えないことは隠匿にあたるでしょうか。

「隠匿」というのはどうにも「作為」的な匂いのつきまとう言葉ですが、あえて相続人にその財産の存在を伝えず、黙っているという点が、規範的に見て「隠匿」にあたるとされるおそれはあると考えるべきでしょうね。

次に、㋑私的な消費ですが、条文上の「私（ひそか）に」という言葉の意味は、「自分自身の利益のために」といった狭い意味に限定されるものではなく、要するに、**その財産を消費することが相続債権者の不利益となるという関係にあれば肯定される**ものです。この「私的な消費」には、先に1号のところで見たような「処分」も含まれるので、放棄・限定承認後の「処分」はこの3号の問題となります。

最後に、㋒悪意での目録不記載ということですが、一般人が普通財産の目録を作る場合というのはそう多くはなく、これは限定承認の申述の

際に作成する目録（民924）を念頭に置いています。つまりこの三つ目のパターンは限定承認の場合に関する規定です。

　たとえば相続放棄した相続人が、その結果相続人となった次順位以下の者に対して遺産を引き継ぐ際に目録を作り、その際に特定の遺産を意図的に載せていなかったとしても、この悪意での目録不記載には該当しないことになります。ただし、この場合もそのような行為自体が相続財産の「隠匿」と評価されてしまうおそれはありますね。

　ここで気になるのが「相続の放棄をしたことによって相続人となった者が相続の承認をした後は、この限りでない」という3号の但書の記載です。

　たとえば、相続人が相続放棄をした後にこれらの隠匿・消費等の行為を行ったとしても、すでに次順位以下の相続人が相続の承認をしたときには、この定めは適用されません。

　これはどういうことか。たとえば被相続人の一人息子が相続放棄をし

たくせに、こっそりと遺産となる現金30万円を競馬に使ってしまったとします（めんどくさいので、配偶者はすでに亡くなっているか離婚したものと思ってください）。被相続人にはもう父母もおらず、祖父母もとうの昔に亡くなっていましたが、被相続人の兄が放棄も限定承認もせずに相続人となりました。

　このときの一人息子の行為は「私に消費し」たように見えますが、すでに第三順位の被相続人の兄が相続を承認している以上、一人息子が921条3号によって再び相続人になるということはない、ということですね（同号但書）。

　では、一人息子が競馬に投じた30万円はどう処理されるか。これは、相続人となった被相続人の兄が一人息子に返還請求するという形で解決されることになるのでしょう。

　ただ、このとき被相続人の兄も相続放棄していたときは「相続の承認をした」場合ではないので、原則どおり、競馬に溺れた一人息子はやはり単純承認したことになってしまうと考えることができます（同号本文）。

　では、相続人全員が放棄して相続人不存在となった後に、相続財産管理人が選任された場合であればどうでしょうか。

　相続放棄をしてみたところ、家裁に選任された相続財産管理人がせっせと換価と回収を行ってくれ、また思いのほか相続債務もさほど多くなく、弁済後の残額が国庫帰属になりそうになっている。そのときに放棄した相続人が、自分が財産の一部を隠匿・消費等していたことを理由に自ら法定単純承認（民921）を主張して残った相続財産の引渡しを請求できるのでしょうか。

　これはいかにもムシの良すぎる話ですし、また法律上も、相続人捜索の公告（民958）の公告期間（6か月）が満了していれば相続人の不存在が確定してしまいます。なので、そういったケースでは相続財産管理人からその「相続人であった者」に隠匿・消費等した財産の返還・価額賠償請求ががなされて終わりということになるのでしょう。なんというか、まあ残念でした。

　さて、法定単純承認（民921）について見てきましたが、これが問題

となるのはどういった場面でしょうか。

　主には相続債権者が相続債務の履行を求める場面が想起されますが、それには、相続人の行動から承認の意思が推定される場合（民921①・②）もあれば、相続人の行為に対するある種のペナルティの場合（同③）もあるということです。

 ## 法定相続分から具体的相続分へ

(1)　具体的相続分を求める際に行われること

　相続が承認された場合、相続人が２名以上のときは、相続財産を分けるという作業が必要になります。

　ところが、相続財産が現金1,000万円、相続人が妻と子供２人だからといって、単純に500万円、250万円、250万円と分けるだけですんなり終わるというケースばかりではありません。

　兄が生前にたくさんの財産を生前贈与という形ですでにもらっていた場合、弟としては残った遺産を「平等」に分けるだけでは却って不公平感を感じるでしょう。兄としても、自分が家業を手伝い、その結果相続財産が増えたという場合には、早くに家を出て気ままに暮らしていた弟がその４分の１を持って行くというのは納得いかないかもしれません。

　そこで、法定相続分から、各相続人が具体的に引き継ぐ遺産の内容を意味する具体的相続分を導き出すという作業が必要になります。

　この際に考慮されるべき要素として、特別受益（民903）、寄与分（民904の2）があります。

(2)　特別受益（民903）の正体

①　特別受益について

　相続人の中に、すでに生前贈与を受けていたり、あるいは遺贈を受けたりする者がいる場合、その程度や内容次第では、その者だけ相続人の

中で特別扱いを受けているとみることができます。だとすれば、そのことも遺産分割の場面で考慮するほうが公平だと思いませんか。少なくとも他の相続人はそのように思うはずです。

　非常にざっくり言ってしまうと、相続の場面でそれら特定の相続人の受ける（受けた）特別な利益も考慮してしまおうというのが特別受益（民903）の問題です。

　具体的にどうするかというと、相続人が受けた生前贈与や遺贈（以下では、併せて「生前贈与等」といいます）の価額を相続財産に加算してしまい、その総額をもとに改めて各相続人の具体的な相続分を算定します。

　このとき生前贈与の価額を相続財産に加算する処理を「特別受益の持戻し」と言います。

> この「持戻し」に遺贈が含まれない点
> については後で触れます。

　生前贈与等を受けた相続人にとっては、遺産の先渡しとして評価されてしまうことになりますが、それ以外の相続人にとっては生前贈与等の分だけ、目の前に残っている財産よりも分け前が増えることになります。

　ここでの主題ではないため、さらっと書きますが、一般的には、**特別受益の持戻しは贈与時ではなく相続開始時を基準として金銭的に評価**します（通説・判例）。

② 特別受益の難しさ

　相続の相談、特に相続人による遺産分割の相談を受けているときに、問題に上りやすいのが、この特別受益と次の寄与分です。

　仲の良い兄弟姉妹であっても、遺産を前にすると自分の取り分はできるだけ多いほうがよいと考えるのが普通で、「兄貴のほうが昔から優遇されていた」「妹ばっかりいいものを買ってもらったり、かわいがってもらっていた」という思いが、しばしば遺産分割を停滞、迷走させることになります。

　こうしたエモーションは相続の当事者にとっては非常に人間的でかつもっともなものですが、そのような問題に取り組む実務家として絶対に押さえておかなければならない点がいくつかあります。

③ 主　体

条文上「共同相続人中に」（民 903 Ⅰ）とあるように、特別受益として相続の際に考慮されるのは、**相続人のうちの誰かに生前贈与等が行われた場合**であることが大前提です。

内縁の配偶者や相続人の配偶者など、そもそも相続人でない者に対する利益の移転は問題になりません。たとえば長男の嫁に対する贈与なんかは、当然考慮してもらいたいと考える人が多いと思いますが、それが長男自身に対する贈与と評価できるような特殊な場合でない限り、そもそも特別受益は問題となりません。

同じく、遺贈も**相続人以外が受遺者となる場合は問題となりません**。

この点は、特別受益自体が共同相続人間の利益調整のツールであるため、考えてみると至極当たり前の話なのですが、相談者等への説明のうえでは意外と見落としやすいところなので注意が必要です。

ところが、「共同相続人」であれば制限はないので、配偶者、子、直系尊属、兄弟姉妹等であれば誰でも特別受益を観念でき、単純承認であるか限定承認であるかも問われません（さすがに相続放棄者は相続人でないため除かれますが）。

さて、より発展的な問題として、代襲相続人や再転相続人、包括受遺者が生前贈与等を受けていた場合はどうか、生前贈与等を受けていた者がその時点ではまだ推定相続人でなかった場合はどうか（たとえば、贈与を受けた後に被相続人と婚姻した場合）といった問題もあります。

条文上は「共同相続人中に」としか書いておらず、生前贈与等の時点で推定相続人の地位を有していたことまでは要求されていません。

本書はそこまで**マニアックな層**を狙った本ではないため深入りは控えますが、いずれの場合も肯定説、否定説があるということを頭の片隅に置いておいてもらえれば、少なくとも私は満足です。実務的には、「相続の前渡しと評価できるか」「それらの者が相続の場面でも考慮すべきといえる利益を現実に得ていると言えるか」といった視点で、**ケースバイケース**で考えることになりそうです。

④ どのようなものが特別受益とされるのか

　次に、利益移転の内容についてですが、2つのパターンがあります。

　一つは「遺贈」、もう一つは「婚姻もしくは養子縁組のためもしくは生計の資本として贈与を受けた」という場合です。

　まず、条文上なんの制限もないことからわかるように、**遺贈はその目的の如何を問わず特別受益となります**。ところが、生前贈与の場合は、目的の制限が設けられています。

　「婚姻もしくは養子縁組のため」という言葉でまず思い浮かぶ財産の拠出といえば、結納金や持参金、結婚式の費用なんかですが、これらは必ずしも特別受益と評価されるワケではありません。むしろ、通常想定される程度の結納金や持参金・支度金、挙式費用程度は特別受益にはあたらないとされるのが一般的です。

　要するに、贈与の目的や経緯というよりも、**その家庭の資産状況と具体的な贈与の額とを勘案して、まさに相続分の前渡しと評価すべきほどの「特別」の受益を得たと評価できるかどうか**ということです。

　要するにここでも**ケースバイケース**なわけですが、実際、結婚や養子縁組の場面で相続分の前渡しと言えるほどの財産の移転がなされているケースというのは、相談者一般が思うほど多くはありません。「妹の結婚費用に親父が出した100万円」が特別受益にあたるかは少し怪しくなってきますね。

　では、もう一つの「生計の資本として」はどう理解すべきでしょうか。

　「生計の資本」というだけあって、本来的には生計の維持のために必要となるような財産上の給付が想定されています。よくあるのが居住や事業に充てるために不動産やまとまった額の現金を贈与してもらったというケース、稀にあるのが相続人の債務を被相続人が肩代わりして払い、その後求償していないといったケースです。

　単に何度か小遣いをもらっていたとか、旅行に連れて行ってもらったとか、その程度のものはあたりません。

　相続人のうち特定の者だけ高等教育（今で言えば大学や留学など）の学費を出してもらっていたというのもよく問題になるケースですが、その

相続人だけが特別であったと言える場合である必要があります。他の相続人も等しく給付を受けていたというのであれば、そもそもその親の扶養義務の範囲内のものと見るべきでしょう。

　ここでも、**財産上の給付が相当の額に上るか否か、すなわち相続分の前渡しと評価できる程度のものか**という点が重要です。単に親の扶養義務、夫婦間の扶助協力義務の範囲内と言える程度の給付であれば特別受益とは言えません。

　この判断にはこれまたその家庭の資産状況や贈与額などの具体的検討が必要になり、一律に「何百万円以上であれば」といった基準が設定できるわけではありません。「お兄さんが大学に行かせてもらっていた点は特別受益として評価されます」といった安易な説明は危険だということになりそうですね。

　ちなみに、被相続人が付保していた生命保険の問題があります。

　通常、**被相続人の死亡を原因として支給される生命保険金**は、共同相続人のうち一部の者が受取人に指定されていた場合であっても**相続財産として評価されることはありません**。しかし、特別受益の場面では生命保険金については少し注意が必要です。

　「保険金受取人である相続人とその他の共同相続人との間に生ずる不公平が民法 903 条の趣旨に照らして到底容認することができないほどに著しいものであると評価すべき特段の事情が存する場合」には、民法 903 条類推適用により、保険金請求権が特別受益に準じて持戻しの対象となると解されるとした最高裁判例があるからです（最決平成 16 年 10 月 29 日・民集 58 巻 7 号 1979 頁）。

　実際、どの程度が「特段の事情あり」と言えるかですが、やはり問題の保険金の額と、その額の遺産総額に対する比率、被相続人との関係や当該相続人の貢献・寄与の度合い等をもとに個別具体的な検討が必要です。

　また、死亡保険金の（準）特別受益性が認められる場合、その持戻しの対象となる価額についても種々の見解（保険金総額、支払い保険料総額、相続開始時の解約返戻金相当額等）があります。これは頭の片隅に置いておいて損はありません。

⑤ 持戻し免除の意思表示

もう一つ、実務家として押さえておかなければいけない点は、**特別受益の持戻しは被相続人の明示ないし黙示の意思で免除できる**という点です。

「遺留分に関する規定に反しない程度で」（民903Ⅲ）という制限はあるものの、被相続人の意思一つで生前贈与の特別受益としての評価が認められなくなることもあるということです。

つまり、誰かの遺留分を侵害しない限り、被相続人の一存で、特定の相続人への生前の財産処分を相続の場面でも考慮させないようにすることができてしまうわけです。この点は他の相続人への金の流ればかりに目を奪われている相続人の盲点になります。

この「持戻し免除の意思表示」は黙示のものでも足りるとされているため、生前贈与が特別受益であると主張されるケースの多くで黙

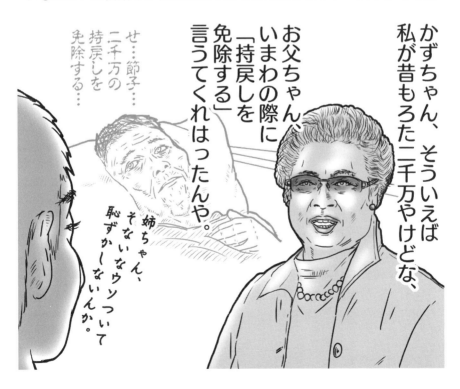

示の免除の意思表示があったかが問題とされることになります。

「相続開始までの相続人間の財産的な不公平を改めるのが特別受益」という**平板で底の浅い捉え方**をしてしまっていると、相談者に対する説明もいきおい甘くなりがちです。そうなった場合、調停や審判の進んだ段階で目論見どおりにいかずに窮することとなるのです。

相談者の多くは、自分にとって都合の良い情報は精一杯膨らませる一方、都合の悪い情報は希望的観測という篩（ふるい）に掛けてせっせと処分してしまうものです。

そしてあなたが安易な説明を行うことで、相談者の期待値は上限まで高まるわけで、そうなると、和解できずに審判まで突き進み、負けた後には不満感だけが残るという残念な結果になります。

⑥ 遺贈・死因贈与は持戻しの対象となるか？

さて、以上のように実務的に難しい問題を抱える特別受益ですが、ここで一つ、理論的な問題に触れておきます。**「遺贈が特別受益の持戻しの対象になるか」**という話です。

ちなみに「遺贈」としていますが、「死因贈与」も同様に問題となりますから、ここでは両者を併せて「遺贈等」としましょう。

先に書いたように**「持戻し」とは過去になされた特別受益の価額を相続開始時の相続財産に加算する処理**を言います。

そして、特別受益となる生前贈与が「持戻し」の対象となることは問題がありません。

では、遺贈等については「持戻し」の対象となるのでしょうか。ここについてはじつは見解が分かれています。

どのように考えるべきでしょうか。

「持戻し」という言葉は、相続の場面以外で聞くことはほとんどない単語ですが、その語感から「すでにどこかに行ったものを持って戻ってくる」という強いイメージが伴います。

「特別受益の持戻し」は相続開始の場面で問題となりますから、そうなると過去の生前贈与は「持ち戻す」余地があるとしても、相続開始や遺言の効力発生によって権利変動が生じる遺贈等は、「持ち戻す」とい

うにはかなり強い違和感があります。

では、ここで条文を見てみましょう。

「持戻し」の具体的記載を見ると「被相続人が相続開始の時において有した財産の価額にその贈与の価額を加えたものを相続財産とみなし」とあります（民903Ⅰ）。

1項の最初の部分で「遺贈」と「贈与」が区別して書かれているにも関わらず、続くこの「持戻し」の部分では「贈与の価額」だけが加えられる（＝持ち戻される）と書かれ、意図的に「遺贈」が除かれています。それはなぜかというと、すなわち（相続開始によって効力を生じる）遺贈は「被相続人が相続開始の時において有した財産の価額」にすでに含まれているからですね。死因贈与も同様に考えられます。

この条文の記載からも、私は**「遺贈等は特別受益の持戻しの対象にならない」と考えるほうが理論的にも形式的にも整合性がある**ように思います（そのため、今までの部分でも生前贈与だけが持戻しの対象となるという前提で書いてきました）。

「遺贈・死因贈与も相続開始の瞬間に権利変動が生じるんだから『相続開始の時において有した財産』に含まれないんじゃないの？」という声も聞こえてきそうです。しかし、条文上「被相続人が相続開始の時において有した」とあるように、この1項中ほどの記載はまだ被相続人がかろうじて所有権の帰属主体である瞬間（＝生きている）を念頭に置いているので、やはり遺贈による権利変動が生じる前だと考えることは可能です。

この「相続開始の時において有した財産」は後の寄与分の定め（民904の2）にも出てきますが、そこではこれに遺贈（等）の価額が含まれていることが明示されています（同Ⅲ）。

さて、この点は何か実務に影響するのでしょうか。

あまり聞かない話ですが、遺贈や死因贈与が持戻しの対象とならないということになると、当然、被相続人による持戻し免除も問題となる余地がないように思えてきます。とはいえ、「相続の場面でこの相続人にはこれだけの財産をやりたい！」という想いが結実した結果が遺贈や死因贈与なわけで、その持戻し免除を観念すること自体ほとんど意味がな

いようにも思えます。このことからも、遺贈、死因贈与について持戻しの対象となるという見解にはやはり違和感を感じるのです。

　ただし、世の中にはいろいろな考え方を持つ人がいるもので、実務家としては、遺贈等も持戻しの対象となるものとして議論が進む場合があるということは頭の片隅においておきましょう。

　たとえば、明示的に遺贈が持戻しの対象となるとの前提を採ったうえで、その持戻し免除の意思表示のあり方（遺贈の持戻しが遺言によってなされることを要求するか否か）を問題にしている裁判例もあります（大阪高判平成 25 年 7 月 26 日・判時 2208 号 60 頁）。

　ここは理論は理論、理屈は理屈として、目の前の紛争への取り組み方と分けて考える必要があるかもしれませんね。

(3)　寄与分（民 904 の 2）というものの実態

① 寄与分について

　もう一つ、具体的相続分を導き出す際に検討しなければならないのが寄与分（民 904 の 2）です。

　特別受益は、共同相続人中にすでに相続分の前渡しとして財産を受けた者、あるいは遺贈等によって他の相続人に先んじて財産を受けることを認められた者がいる場合に、それを具体的相続分算定の際に考慮しようとするものでした。

　他方で、相続人のうちに相続財産の維持や増大に特に貢献した者がいる場合、そのことも遺産分割の場面で考慮するほうが公平だと思いませんか。少なくとも貢献した者はそのように思うはずです。これが寄与分の問題です。

　具体的にどうするかというと、特別受益の場合とは反対で、まず被相続人が相続開始の時において有した財産の価額から、寄与した相続人の寄与分を控除した後の財産について相続割合で分け、寄与者について先ほど控除した寄与分を加えるという形になります（民 904 の 2 Ⅰ）。

② 主　体

　寄与分も、特別受益同様狭き門です。その要件を見ていきましょう。

　まず、「共同相続人中に」とあることからもわかるように、寄与分が認められるのは相続人に限定されます（民904の2Ⅰ）。相続人でない者は、いくら相続財産の維持・増大に寄与したとしても寄与分が問題となる余地はありません。

　近所の人がどれだけ被相続人の事業を無償で手伝って資産の増大に貢献したとしても、少なくともその人に寄与分としての何らかの権利が認められる余地はないということです（改正で新設の特別寄与料につき→269頁）。

> 寄与の内容や態様、経緯によって、相続財産に対する
> 不当利得返還請求といった他の法律構成で利益の回収を
> 図ることは理論上考えられるでしょうか。

　これも、寄与分が共同相続人間での遺産分割の調整として働くものだと考えると当たり前の話ですが、（特別受益の場合と同様）相談者等への説明のうえではややもすると見落としやすいところです。

　相続の相談を受けていて、相続人でも何でもない人が、被相続人との単なる親交を寄与と拡大解釈して「寄与分、寄与分」と繰り返し、何かを得たような心持ちになっているというケースに出くわすことがあります（大抵、特別縁故と理解がごっちゃになっています）。それが我々法律実務家の誤った説明の結果だったとすれば、少し悲しいことですね。

　相続放棄（民939）をした者、相続欠格の事由（民891）がある者、相続人から廃除（民893）された者も共同相続人となることはできないため、寄与分はそもそも問題となりません。

　代襲相続の場合はどうでしょうか。

　たとえば、被相続人Aの相続開始時までにその子Bが死亡しており、孫Cが代襲相続人となるとき、CはAの相続について自分の父親である被代襲者Bの寄与分を主張できるでしょうか。

　これを否定する見解も一部にあるのですが、そのようなCの主張が認められるとするのが通説的見解です。ただし、代襲相続といっても、その原因がBの死亡ではなく欠格（民891）や廃除（民893）の場合は

少し話は違ってきます。

　寄与分というのは共同相続人の相続権の範囲を調整するためのツールですが、そもそも**Bの相続権自体が否定されるべき事案において、Bの寄与分だけを考慮するというのはいかにも座りが悪かろう**と思います。

　では、代襲相続人であるC自身の寄与はどうでしょうか。

　代襲原因（つまり、死亡、欠格、廃除）が生じた後の寄与については、普通の相続人の寄与の場合と区別する意味はないので、認めることに問題はありません。では、代襲原因が生じる前の寄与は寄与分として評価できるのでしょうか。いよいよ頭がこんがらがってきますが、こういった問題が普通に持ち上がるのが相続です。

　ここも見解が分かれているのですが、やはり相続人間での公平という寄与分の趣旨を重視した場合、そのような寄与分主張を認めてもよいと思われます。

③ 寄与分となるべき具体的内容

　次に、どのような場合に寄与分が認められるかですが、まず、

　㋐　**被相続人の事業に関する労務の提供または財産上の給付**
　㋑　被相続人の**療養看護**
　㋒　**その他**の方法

のいずれかによって、**被相続人の財産が維持され、あるいは増加したという事実**が必要です。

　㋐は、子が親の事業（家業）を手伝うといった場合が典型です。

　㋑の療養看護は、病気や高齢で療養している被相続人の介護・看護に相続人自らが努めた場合を想定しています。単に元気な被相続人の家事を手伝ったという程度では認められません。相続人が被相続人に付き添って介護するなどにより、具体的に職業付添人の費用やリハビリのコストの低減が図られたといった事情が必要です。

　医療機関や介護施設に被相続人が入院・入所していた期間については、原則として相続人の寄与行為は認めにくいということになるでしょう。

　㋐、㋑は寄与行為の例示であり、これ以外でも被相続人の財産の維持・

増加に対する寄与行為は、⑦その他の方法として寄与分の根拠となります。

⑦～⑦の行為があったとしても、これによって被相続人の財産の維持や増加が図られない場合、たとえば「親身になって話相手になる」「心配してよく会いに行く」といった程度では、**財産の減少を避けたり増加が図られたりという関係にはない**ので、寄与分は認められません。

そしてもう一つ肝心の点は、相続人による寄与行為が「**特別の寄与**」（民904の2Ⅰ）と評価できる程度のものでなければならないということです。

ですから、たとえば妻や子が被相続人の療養看護に努め、結果として被相続人の財産の減少が避けられたという場合であっても、そのような妻なり子なりの行為が通常の配偶者の協力・扶助の義務（民752）や扶養義務（民877Ⅰ）の範囲のものであれば、「特別の寄与」とは言えません。当たり前のことを当たり前に行ったにすぎないからです。

また、労務提供の場合でも**対価を得て行っていた**というケース、相続人が**被相続人の収入や資産で生活している**というケースでは、「特別の寄与」を否定する方向に大きく傾くこととなります。

法文上、わざわざ「特別の」と銘打っているだけあって、寄与分が認められるケースはそう多くはありません。相続の当事者が主張する種々の事項は、寄与分として評価するに値しないものも多く含まれています。

みんな多かれ少なかれ自分は特別であると思っている（思いたい）もので、遺産分割の場面でもそれは当てはまるのですが、実際にはなんら特別ではないということもまた多いものです。

寄与分を主張するには、たとえば**労務提供、療養看護の具体的事実を客観的に立証**するほか、財産上の給付についても**財産の移動を示す資料**を提出し、被相続人の**財産の維持（減少回避）**や**増大**がどのように図られたかを具体的、客観的に主張する必要があります。

④ 寄与分と遺贈と遺留分の関係

寄与分を定めた民法904条の2第3項では「寄与分は、被相続人が相続開始の時において有した財産の価額から遺贈の価額を控除した残額

を超えることができない」と書かれています。

　たとえば相続開始時の遺産の総額が 5,000 万円あり、そのうち、3,000 万円が遺贈に供されている場合、共同相続人が主張し得る寄与分の総額は、遺贈の価額を引いた残りである 2,000 万円を超えることができないということです。

> なお、寄与分は「被相続人が相続開始の時において有した財産」中で認められるものにすぎず、持戻しされた生前贈与は寄与分主張の対象には含まれません。

　少し見方を変えると、これはすなわち **「寄与分は遺贈に後れる」**（遺贈＞寄与分）ということです。

　相続財産中に占める割合がいかに高くとも、遺贈（＝被相続人の意思）がある場合、これが優先されてしまい、寄与分が先んじて認められることはありません。

　ところが、過大な遺贈が相続人の遺留分を侵害する場合には、その遺贈は当然遺留分減殺請求（民 1031）の対象となり、この意味で **「遺贈は遺留分に後れる」**（遺留分＞遺贈）とも言えそうです。

　ここまでを見ると「遺留分＞遺贈＞寄与分」という図式が見えてきます。ただ、ここで少し違和感を感じてしまうのは、**寄与分は贈与でも遺贈でもないため、遺留分減殺請求の対象とならない**ということです。

　たとえばやや極端なケースですが、相続財産の 8 割相当の寄与分が認められ、それが寄与分控除前の遺産総額を基準とした自分の遺留分を侵害する場合であったとしても、相続人はそのような寄与分について遺留分減殺請求の方法で対抗することはできないということです。つまりここで **「遺留分は寄与分に後れる」**（寄与分＞遺留分）という関係も見えてきました。

　この結果、われわれは「…寄与分＞遺留分＞遺贈＞寄与分＞遺留分＞遺贈…」という出口のない迷宮に閉じ込められてしまったような感覚に陥ります。

　これがいわゆる「寄与分をめぐるトリレンマ」（窪田充見『家族法 民法を学ぶ〔第 3 版〕』〔有斐閣〕432 頁）といわれる問題です。ただでさえ相続をめぐる人間関係の澱みに飲み込まれがちな我々実務家にとって、余

計に頭が痛くなりそうな話です。

　ところが、実務で不思議とこのやっかいな三角関係に悩まされることがそう多くないのは、(理屈はどうあれ) どこかで誰かが上手く調整してくれているおかげなのかもしれませんね。

第2章 相続開始後の道 [法定相続編]

② 正しい共同相続

[それは長い闘いのはじまり]

　今まで見てきたように、相続の仕方には大きく分けて単純承認（民920）と限定承認（民922）という2つの方法があり、また、相続人には相続放棄（民915Ⅰ）という選択肢も与えられています。
　欠格事由（民891）がなく、廃除（民892）もされていない相続人が一人だけいるという場合であれば、相続の話は単純です。しかし、相続人が複数いる場合、話は変わってきます。そう、遺産分割の問題です。

何を分割するのか

　相続人が複数いるのであれば、遺産を分けなければなりません。
　そこで問題となるのが、**遺産分割の対象となるものが果たして何か**、という問題です。
　ごく当たり前の話ですが、**相続の対象とならないものは分割の対象となるわけがない**ので、「何を分割するのか」という問いは、「何が相続されるのか」とほぼイコールだと考えてよいと思います。
　「ほぼ」という書き方になってしまうのは、一般的に相続の対象とされるものでも、たとえば特定遺贈の対象とされているなどの理由で、具体的なケースでは遺産分割の対象とならないことがあるからです。
　そういえば、第1章の冒頭で、相続は、人の持つ法律上の地位、つ

まりその者に属した**一切の権利義務**を、**死後、特定の人に包括的に承継**させることだ（民896）と書きました（→2頁）。

そして、本章第1節の中で、「何が相続されるのか」という視点から、一切の権利義務や財産法上の法的地位も相続の対象となるけれど、被相続人の一身専属的なものは相続対象から除かれるといった、多少めんどくさい話を紹介しました。

ここではより具体的に、どのような財産が分割の対象となるかを見ていきましょう。

(1) 物 権

物権は相続の対象とされます。問題になりやすいのは、所有権、地上権等でしょうか。

そういってもかなりざっくりしているので、客体ごとに少し詳しく見ていきましょう。

① 現 金

現金も所有権の対象で、相続の対象となり、遺産分割の対象となります。

後に書くように、可分債権は（預貯金等債権を除き）相続により当然に相続人らに分割承継され、遺産分割の対象から外れるのが原則ですが、現金についてはなお分割の対象となります。実際上も現金が遺産分割の場面で果たす調整的機能はかなり大きいものがあります。とりあえず、ここではこれ以上特筆すべきことはありません。

② 不動産

不動産も所有権や地上権、抵当権といった物権の対象となり、これらが相続財産に含まれる場合には、相続・遺産分割の対象となります。

相続の場面でよく見るのは土地建物の所有権やマンションの区分所有権などですが、これらが共有されている場合の共有持分権も含まれます。

さて、畑や田などの農地の場合、所有権の移転には農業委員会の許可（農地法3）が必要となるのが原則ですが、包括承継である**相続（遺産分割による場合も含む）**の場合、または相続人と同様の権利義務を有するとされ

る**包括受遺者（民990）が承継する場合**には、この**許可は不要**です（農地法3Ⅰ⑫）。

　ただし、特定遺贈の場合は、受遺者となる者が相続人でない場合には許可が必要です。

　多いケースではありませんが、不動産に設定された地上権や永小作権、地役権、入会権といったその他の用益物権、留置権や先取特権、質権、抵当権などの担保物権も相続の対象となります。

③ 動　産

動産も所有権の対象ですから、相続・遺産分割の対象となります。

　たとえば故人の使用していた道具や衣類、趣味の物などがよく問題となります。

　動産はそれ自体の分割が不可能なことが多いので、相続人が複数の場合は共有とするか動産単位で分割をするかということになります。ただ、共有とすると誰が所持・保管するのかといった問題があるため、価値の多寡にかかわらず、特殊な事情がない限り、共有の形での解決を図ることは多くはありません。

　写真や使わなくなったメガネ、よくわからない書類、昔の鞄など、相続が開始した時点で残っている「被相続人が持っていた物」というのは大変膨大です。理論的にはそのすべてが相続の対象になるはずですが、実際には**客観的・経済的に無価値であることが明らかなものは相続の場面では相続財産としては意識されません。**

　これに対して、車両や高級時計などの高価物、故人が飼っていたペットなどは分割をめぐって大きな問題となることがあります。

　また、動産であっても祭祀財産（民897）にあたるものは、相続財産には含まれず、遺産分割の対象にもなりません。祭祀財産には系譜、祭具および墳墓の所有権が例示として挙げられており、わかりやすい言葉で言うと家系図、位牌や仏壇、墓石などがこれにあたります。また故人の遺体や遺骨の所有権も祭祀財産として遺産分割や相続の対象にならないとした裁判例があります（東京高判昭和62年10月8日・判夕664号117頁）。

⑵ 債　権

　次に債権ですが、これも一身専属的なものでない限り、相続の対象となります。

　よく問題となる類型ごとに見てみましょう。

① 可分債権（預貯金債権を除く）

　可分債権というのは、性質上可分な1つの給付を目的とする債権のことです。数量的に分割可能なものが典型で、たとえば売買代金債権などの金銭債権は可分債権です。

　相続財産の中に、金銭債権等の可分債権がある場合、それらは共有者である共同相続人がその共有持分である相続分に応じて、それぞれ単独の分割債権として取得することとなります（民427）。

　たとえば、共同相続財産に属する保険金請求権（ただし原則、死亡保険金請求権が相続財産から除かれることは後述→118頁）、不法行為に基づく損害賠償請求権などが典型例です。

　これらの債権は相続財産ではあるものの、遺産分割の対象にはならないので、それを取得した相続人らが自分の取得した部分について行使することが可能です。

② 預貯金

　金銭債権等の可分債権は相続により当然に分割される（民427）という話をしました。

　ところが、可分債権であっても、預貯金債権については注意が必要です。

　各預貯金債権の性質・運用や機能を根拠に「**共同相続された普通預金債権、通常貯金債権および定期貯金債権は、いずれも、相続開始と同時に当然に相続分に応じて分割されることはなく、遺産分割の対象となるものと解するのが相当**」と判示した最高裁の平成28年12月19日決定（民集70巻8号2121頁）によって、「預貯金が遺産分割を経ることなく相続開始により当然分割される」という話は過去のものとなりました。

注意が必要なのは、この判例は、普通預金や通常貯金、定期貯金について、その利用のされ方や金融機関での取扱い、利用者の意識等を根拠に、当然に分割されるのではなく原則として遺産分割の対象となるとしたものだということです。先に書いたような、**可分債権が当然に分割されるという一般的ルールまでもが変更されたわけではありません。**

③ 賃借権

賃借権も当然、相続の対象となります。賃借人に相続人が複数いる場合、その相続分に従った割合で共同相続することになります。

　実務上よく問題となり、また重要性も高いのは、やはり建物・土地を目的とする不動産賃借権です。

　この点、借主の死亡で効力を失うため相続されない使用借権（民599）と対照的です。使用貸借での「タダでモノを貸してもらう」という使用借主の地位が貸主との間での特殊な人的関係に基づく一身専属的なものであるのに対し、相当な対価を支払って賃借している賃借人の立場にはそのような一身専属性はないと考えられているためです。誰かにタダで何かをしてもらえるというのは、それだけ得がたいことなのですね。

　賃借権が相続されると普通は実際に使用収益する者が変わるわけで、貸主の承諾（民612Ⅰ）は必要ないのかという点が気になりますが、賃借権が相続される場合、一般に賃貸人の承諾は不要と考えられています。相続が包括承継であり、相続人は第三者とは捉えられないところに理由がありそうです。

　承諾をとる必要がないのですから、特段の事情がない限り、承諾料支払いの義務も発生しないと考えられます。

　ところが、遺贈の場合はやはり賃貸人の承諾が必要となるのが原則です。

　では、**包括遺贈で賃借権を承継させる場合**はどうでしょうか。

　包括受遺者は相続人と同様の権利を有し義務を負うわけですが（民990）、そうはいっても、これを無制限に許すと親族でも何でもない第三者に大切な不動産の賃借権が引き継がれてしまうかもしれません。賃貸人としては、気づいたら自分の土地に借主とはほとんど縁もゆかりもない変な人が住み着いているという事態は、できれば避けたいところでしょ

う。

　この点、包括遺贈で借地権が承継され、賃貸人の承諾なき無断譲渡による解除が認められるか否かが争われた事案で、賃貸人の建物収去土地明渡請求を棄却した裁判例があります（東京地判平成19年7月10日・判例集未登録〔平成18年(ワ)16378号〕）。ですが、この事案では包括受遺者が被相続人（借地人）の甥であり、両者が親密な関係にあったこと等が理由の中に挙げられ、「背信行為に当たると認めるに足りない特段の事情」ありとしたものですから、果たして**包括遺贈による賃借権の承継一般について賃貸人の承諾不要としてよいかは疑問**が残ります。

　なお、特定遺贈の場合であっても、受遺者が相続人で、しかも従前と使用収益の状況がほとんど変わらないといった場合であれば、「背信行為に当たると認めるに足りない特段の事情」ありとされるでしょう。

⑶　有価証券

　少し変わった切り口ですが、有価証券も相続や遺産分割でよく問題となります。

　有価証券は表象する権利によって債権証券、物権証券などに分けることができ、通常、権利の行使や移転に証券が必要です。もっとも、証券が発行されている場合であっても、それ自体の所有権ではなく、表象される権利が相続の対象となると考えることができます（たとえば、理屈で言えば株券ではなくそれに表象される株式という社員権が相続の対象となります）。

　なお、ゴルフ会員権も有価証券（ゴルフ会員権証券）で表象される権利ですが、これには契約当事者の合意（会則等の定め）で一身専属的なものと取り決めて相続の対象外としている場合があるほか、通常、複数の相続人による共有（ないし準共有）が認められないという特殊性があり、分割時の処理には注意が必要です。

⑷　債　務

　被相続人が負っていた債務はいわばマイナスの財産ですが、これも一身専属的なものでない限り相続の対象となります。

　物の引渡債務を数人の相続人で承継する場合、それは性質上不可分な

債務であるため共同相続人で共同して相続することとなります。

　一方、金銭の借入債務や保証債務のような可分債務であれば、共同相続人がそれぞれの相続分に従って当然に分割承継することとなります。その結果、債権者は相続開始前は被相続人一人に全額請求できたのに、相続開始後は相続人らに個別に請求せねばならず、個々の相続人の無資力のリスクも負わなければならなくなります。ですが、まあそればっかりは仕方のないことと実務では捉えられています。

　当然に分割承継するということの意味ですが、これは**可分債務は遺産分割の対象からは除かれる**ということです。

　とはいえ、たとえば3,000万円ある借入債務について、本来、被相続人の妻が1,500万円、子ら3人がそれぞれ500万円ずつ相続すべきところ、これを相続人間の協議で母一人に全額の支払い義務を負わせる旨合意することもできます。ただ、それは子らの債務について妻（母）が免責的債務引受を行ったにすぎないので、それを債権者にも主張するにはその承諾が必要です。

　債権者が妻（母）の債務引受を承諾しない場合、結局、相続人らは自分の相続分に従った支払い義務を免れないことになります。それがイヤだというなら相続放棄（民915 I）を検討しなければなりません。

　保証債務も通常は相続の対象になるわけですが、労働契約の被用者の身元保証（大判昭和18年9月10日・大民集22巻948頁）や包括的な根保証（最判昭和37年11月9日・民集16巻11号2270頁）といったものは相続されない場合があることはすでに書きましたね（→86頁）。

分割の対象とならないもの

(1)　生命保険に基づく死亡保険金請求権

　被相続人を被保険者とし、第三者を保険金受取人とした生命保険契約が存在する場合、仮にその受取人が相続人のうちの誰かであっても、その者が被相続人の死亡によって取得する保険者（保険会社）への死亡保

険金請求権は相続財産とはなりません（最判昭和40年2月2日・民集19巻1号1頁）。

　ただし、「生命保険金は相続財産ではない」というレベルで思考停止してしまうのはやや危険です。

　生命保険契約は、**被相続人と保険者（保険会社）を当事者とする、保険金受取人という第三者のためにする契約**であると見ることができますが、これはその形式上、生前贈与や遺贈とは異なっています。

　すなわち、保険金請求権は生前贈与や遺贈ではなく受取人が固有の権利として得るものであって、その者が相続人であるか否かに関わらず、**保険金請求権の取得や保険金の受領は遺留分減殺（民1031）の対象とはならない**と考えるべきで、この点は実務的にもさほど争いはないでしょう（最判平成14年11月5日・民集56巻8号2069頁）。

　そして、この考え方からいくと、理屈のうえでは、相続人の一人が生命保険金の受取人に指定されていたとしても、保険金請求権の取得それ自体は、特別受益（民903）に該当すると考えることもできないはずです。「贈与（生前贈与）」でも「遺贈」でもないからですね。

　ところが、判例によれば「**保険金受取人である相続人とその他の共同相続人との間に生ずる不公平が民法903条の趣旨に照らし到底是認することができないほどに著しいものであると評価すべき特段の事情**」がある場合には、特別受益の規定（民903）の類推適用により、「特別受益に準じて持戻しの対象となると解するのが相当」とされています（最決平成16年10月29日・判タ1173号199頁）。

　つまり、相続財産や贈与、遺贈にはあたらないとしても、**受取人が相続人の一人であった場合、死亡保険金を得たことが特別受益類似のものとして具体的相続分の算定で評価される余地がある**ということです。

　この「特段の事情」の具体的内容を一義的に定めることはできませんが、保険金の額（およびその遺産の総額に対する比率）、被相続人と受取人たる相続人の同居の有無、相続人らそれぞれと被相続人との関係、各相続人の生活実態等諸般の事情を考慮することとなります。

　この中ではやはり保険金の額やその遺産総額に対する比率が重要で、

第2章 相続開始後の道［法定相続編］

　過去の例を見ると、おおむね死亡保険金の額が（それを除いた）相続財産の総額の6割程度以上であれば、特別受益に準じた取扱い（＝持戻し）が認められると言えそうです。

　ただし、このように「特別受益に準じた取扱い」がなされる場合であっても、持戻しの範囲をどう考えるかはまた別の問題です。

　ここは、「被相続人が払った保険料額の総額」説、「被相続人死亡時の解約返戻金相当額」説、「総保険料額に対する被相続人が死亡時までに支払った保険料総額の割合を保険金額に乗じた額」説など、いろいろな視点、着目点からの議論が繰り広げられており、どれもそれなりに説得力があるように思えます。

　契約者・被保険者は被相続人でも、別の者が保険料の全部ないし一部を負担していたといったケースでは、どの説を採るかで結論が変わってきます。ありがたいことに生の事件では「誰が保険料を支払ったのか」「実質的に保険料を負担していたのは誰か」といった難しい争点も増え

ることになりそうです。

では、保険金受取人を特定の個人（相続人であってもなくても）ではなく「相続人」と指定していた場合はどうでしょうか。判例は、「保険金請求権発生当時の保険契約者の相続人たるべき個人を指示するもの」と解し、その者がやはり**固有の権利として**保険金請求権を取得するのだと説明しています（最判昭和40年2月2日・判タ175号103頁）。じゃあ、その「請求権発生当時の相続人」が複数いた場合、頭数で割るのかというと、判例はそれらの者の**相続分の割合により**それぞれ取得するとしています（最判平成6年7月18日・判タ863号139頁）。

ここで気になるのが、「請求権発生当時の相続人」が相続放棄をしていた場合はどうなるのか、という点です。どんどん話は細かくなっていきます。

相続放棄により相続開始時に遡って相続人でなくなるわけですから（民939）、昭和40年判例の表現を見ると、その放棄者は死亡保険金の給付も受けられなくなりそうです。

私が調べた限り、この点に関する裁判例は見当たりませんでした。

死亡保険金の支給それ自体は相続ではなく生命保険契約に基づいて行われるものであり、また上記各判例は保険金受取人特定の手がかりとして「相続人」との記載を利用しているにすぎないと考えると、相続放棄した者も死亡保険金請求権を失わないと考えることが可能と思われます。

⑵　死亡退職金、遺族給付

死亡退職金や遺族年金等の遺族給付についても、死亡保険金（請求権）同様、現在では相続財産に属さないという考え方が支配的なようです。被相続人の就業先から支給される弔慰金も死亡退職金と同様に考えることができます。弔慰金の分配をめぐって相続人間で争いが繰り広げられるところは想像しにくいかもしれませんが、「兄弟の一人が香典や弔慰金を取り込んでどうなったかわからない」というのは比較的ポピュラーな問題です。

これらの受取人は、多くの場合、会社の就業規則や内規あるいは法令で定められており、**相続人や第三者が受取人に指定されることが被**

相続人による生前贈与や遺贈とは形式的に異なっているという点も死亡保険金の場合と似ています。

ただ、「賃金の後払い」的な特殊な性格も持っており、この点を強調するか否かで特別受益に準じた持戻し処理が認められる否かが分かれます。実際、学説も裁判例もけっこう見解は分かれているので、議論のしどころといった感があります。

実質的な妥当性を考えると、死亡保険金の場合と同じく、**原則として特別受益性を否定しつつも、それを放置すると相続人間で民法903条の趣旨に反するような不公平が生じる場合には、例外的に持戻し的処理を認めるという考え方**が適切だと思われます。

分割の仕方

依頼人、相談者からの聴取と受任

何を分割するのかということはある程度明確になってきました。

ここからは、より実践的に、**あなたが依頼人から相続と遺産分割の事件の依頼を受けたという前提**で、どのように事情を聴取し、処理の方向づけを行うかという点に触れたいと思います。

ここでは、すでに被相続人の死亡によって相続が開始され、相続人から今後の処理について相談を受けたという場合を考えてみましょう。

あなたはどのように相談者から事情を聴取し、事件の道筋や行く末を把握していけばよいのでしょうか。

相談者の話すに任せていると、延々と昔話を聞かされることにもなりかねません。

相続では短時間のうちに考慮しなければならない要素が多いので、効率的に聞き取りを進めていきたいものです。そこで、以下では、具体的にどのような点について聞き取りを進めていけばよいかを考えます。

第 2 章 相続開始後の道［法定相続編］

(1) 相続開始の日

　最初に聞くべきは相続がいつ開始したか、つまり**被相続人がいつ死亡したか**です。

　「その方はいつ亡くなられましたか」と聞いてみましょう。

　では、これを最初に聞くのはなぜでしょうか。

　ほとんどの場合、被相続人の死亡は第一順位の相続人が相続放棄するか、限定承認するかの熟慮期間（民915Ⅰ）の起算点になりますし、また相続税の申告・納税期限も相続人が被相続人が死亡したことを知った日の翌日から10か月以内と定められています（相続税法27Ⅰ）。

　被相続人の死亡時期は、代襲相続となるか否かや数次相続での承継の順番を特定するうえでも重要で、これが間違っていた場合、後の処理がすべて狂ってくることにもなりかねません。

　相続開始から今までどの程度の期間が経っているかという点は、事情

聴取を進めていくあなたにある程度の予測可能性を与えてくれます。

先月亡くなったばかりだというのであれば、「親族の死亡からようやく落ち着いて相談に来たというところかな」「相続の手続を進めようとしたところ何か問題（相続債権者からの連絡や財産承継の手続の頓挫など）が生じて相談に来たのかな」という推測が働きます。各種の相続手続に必要となる資料が揃っていない可能性も高いでしょうし、家族の死からまだそれほど時間が経っていないという点に多少の配慮が必要となることもあります。

相続開始から1、2年が経っているとなると、話は変わってきます。

そこには、今まで相続処理、遺産分割手続が進まなかった理由、今、相談に来ることになったきっかけが存在するはずです。相続人間で揉めているということもあるかもしれませんし、被相続人死亡時にまだ胎児だった子が生まれるのを待っていたために時間がかかったということもあるかもしれません。

少々ややこしい事案ではないかと身構えてしまう反面、それまでの関係者のやりとり・折衝の中ですでに事件の争点や課題が浮き上がってきている可能性もあります（それだけに目を奪われるのは危険ですが）。

このように、ある程度処理にスピード感が求められる**相続案件において、被相続人がいつ死亡したかという点はとっかかりとして非常に重要**です。

稀に、亡くなった状況によっては、被相続人がいつ亡くなったかが正確に特定できないこともありますが、その場合でも「平成29年4月△△日～××日ころ」という程度の確認で構いません。

相談者が相続人であるかどうかや相続される資産・負債の内容に踏み込む前に、まず**最初に相続開始の日を確認しておく**ことが肝要です。

再転相続や数次相続が問題となる事案では、そのことがわかった時点で、さらに先の被相続人の相続開始時期を（大まかでもいいので）確認しておくべきです。

⑵　相談者と被相続人との関係、親族関係

被相続人の死亡の日がわかったら、次に**相談者と被相続人との関係**

を確認します。

　これで、相談者に相続分があるかどうか、その順位と割合がようやく特定できるようになります。

　「あなたは、亡くなられた方とはどのようなご関係ですか」とストレートに聞いてみましょう。

　親が亡くなった、兄弟が亡くなった、孫が亡くなった、親戚が亡くなった、いろんなパターンが考えられます。配偶者が亡くなったというケースもあるでしょう。

　ここまで書いてきたように、被相続人との関係は、その相談者自身が相続人となるかどうかやその相続割合を確定するうえで非常に重要です。

　よくよく聞いてみると、相談者自身は相続人でもなんでもなかったという場合もあります。けっこう多いのは、相談者が相続人の配偶者で自分自身は相続分がないけれども事実上の利害は有している（あるいはそのように信じている）というパターンです。

　相続人の内縁の配偶者だということもありますし、被相続人の債権者・債務者であるということもあるかもしれません。

　ここは、その**相談者がその相続案件でどのような利害関係、関わりを持つかを判断**する重要な点です。

　併せて、相続人となるべき者を確認できるまで、**相談者を含めた被相続人の親族関係を聴取**してしまいます。

　配偶者のほか、第1順位から第3順位の血族相続人を特定し尽くすまで、親族のつながりやそれぞれの配偶者・子の有無、生存しているか、死亡している場合はいつごろ死亡したかを聞き取っていきます。

　ここが誤っていると、本来相続人とならない者が相続人になったり（またその逆になったり）、相続分の割合を間違えてしまったりとおかしなことになります。

　「相続案件ではことあるごとに相続関係が確認されるから、多少間違っていてもどうということはないだろう」というダイナミックな考え方は捨てましょう。みんな同じように「今までこの関係図で問題なく処理されてきたみたいだから、おそらく間違っていないだろう」と考えてしまうものです（こういった複数チェックによる怠惰な信頼ともいうべきものがか

えって個々のチェック機能を低下させてしまうということは世の中多いのです）。

　また、相続関係を誤解して「あなたは相続人にはならないから何もする必要ないですよ」とアドバイスしてしまった場合には、その後、相続関係の誤りに気づく機会すらないまま熟慮期間が過ぎてしまうということもあり得るのです。

　とはいえ、親族関係は言葉で説明するのも聴き取るのも意外と難しいものなので、ある程度相談時間をそちらに割いてでも、きちんと相続関係図を手元で作りつつ、相談者に間違いがないかをそのつど確認しながら聴取を進めていくべきです。これには、やはり電話よりも面談が適しています。

　もちろん、相談者の認識自体が誤っているおそれもありますから、受任したらすぐに被相続人の戸籍や除籍等を取り寄せ、聴取した相続関係が客観的に正しいか否かを確認することが全件で必要です。

相続人自身やすでに関わった専門家が作成した
関係図が間違っていることもあるのです。

　相続関係を聴取した結果、相談者が（あるいは相談者の配偶者が）相続人であることがわかったら、**いつどのような形で被相続人の死亡を知ったのか**も聞いてみましょう。

　これは、その相続人について熟慮期間や相続税の申告・納税期限の起算日がいつになるかを判断するために必要です。

　生前、頻繁に交流していたというのであれば被相続人が死亡した事実を時をおかずに知ることになったでしょう。その時（あるいは先順位の相続人が相続放棄をしたと聞かされた時など）から種々の期間が進み始めます。

　ところが、逆に疎遠だった相続人の場合はずいぶん経ってから被相続人の死亡を知ったということもあるかもしれません。

　この生前の被相続人との交流の有無や程度は、相談者の特別受益（民903）や寄与分（民904の2）の有無、特別縁故者（民958の3）として財産の分与を受けられる地位にあるか否かといった事情にも関わってきます。

⑶ 資産、負債の詳細

　当然、資産、**負債の状況についても、相談者が知っている範囲で確認すべきです。**

　ただし、相談者が被相続人の財産についてどの程度の知識を持っているかは、生前の被相続人との交流の有無や程度によって大きく異なります。

　同居し、亡くなる前の身の回りの世話をしていた配偶者や子と、ずっと前に家を出て年に１、２度顔を合わせる程度の関係だった子とでは持っている情報量に差があります。遺産分割ではこのような違いが、いろいろな形で進め方、分割の条件に影響してきます。

　特に負債については、被相続人と離れて生活していた相続人にとっては把握することが難しくなりますが、この点が相続放棄をするか否かで非常に重要だということは先に述べたとおりです。

　相続人である相談者からの情報だけでは資産、負債の全容が明らかとならないということも多いものです。その場合には、どのような方法でそれらを辿るか、その手がかりについてもアドバイスしてあげなければなりません。

　まず確認すべきは、**通帳等の口座入出金履歴**、それから**被相続人宛の郵便物**です。

　特に、郵便物からはいろいろな情報を得ることができます。請求書や督促状、振替通知から債務を、また株式等金融商品の配当通知、証券会社の連絡文書などから資産を発見するというのはよくあるパターンです。

　預貯金の種類や口座番号等の具体的な情報まではなくとも「△△銀行××支店に預金があったはずだ」といった情報がある場合には、考えられる支店に相続人名で被相続人名義資産の有無を照会することもできます。

　また、不動産については、自治体単位にはなりますが、固定資産税課に照会手続（名寄せ帳の申請）をすることで被相続人名義の不動産の有無を確認することができるでしょう。

　債務については、相続人が CIC（CREDIT INFORMATION CENTER）、

JICC（株式会社日本信用情報機関）等、法律に基づく指定信用情報機関に被相続人の信用情報の開示請求を行うことで債務の手がかりとなる情報を得られることがあります。

⑷　遺言の有無・内容について知っている情報

　遺言の有無・内容についても、相続人に確認することを忘れてはいけません。遺言のあるなしで遺産分割の方法（あるいは、相続争いの様相）は大きく異なってくるからです。

　遺言書があってその内容も相続人に事前に知らされているというケース、遺言書があることまでは知っているがその内容はわからないというケース、実にいろいろなパターンがあります。

　遺言の存在自体を相続人が知らされていないということも当然考えられますから、相談の場ですることは、**「遺言の有無などに関して相談者が知っていること」の確認**ということになります。

　公証人が関与して作成される公正証書遺言、秘密証書遺言については、日本公証人連合会の遺言書検索システムを利用することで、その有無を確認することができます。

　しかも検索自体の手数料はかかりません。

　これは、相続人であり、かつ相続開始後であれば、全国どこの公証役場でも行うことができますが、コンピューター検索ができるのは遺言書作成情報がデータベース化されるようになった昭和64年1月1日以後に作成されたものに限られ、それよりも過去のものはその遺言を作成した公証役場のスタッフの手作業で確認してもらう必要があります。

　公正証書遺言が存在する場合、該当があれば遺言者の氏名、生年月日、遺言の作成年月日が開示されるので、相続人は原本を保管している公証役場にその謄本を請求することができます。一方、秘密証書遺言は、もともと公証役場に遺言書の原本が保管されるわけではないので、検索結果でヒットしても遺言書があるかないかの手がかり程度にしかなりません。もっとも、秘密証書遺言自体、利用の件数が驚くほど少ないので、それで困る場面はほとんどありません。

　さて、公正証書遺言以外の形式の遺言書があるという場合は、もれな

く家庭裁判所での検認の手続（民1004 I・II）が必要になるということを言い添えておきましょう。

⑸　相談者、依頼人の意向・希望

　以上⑴～⑷で、相続に至った経緯や現在置かれている状況についてはある程度の情報が得られたはずです。それで十分でしょうか。

　一番大切な点の確認が残っています。

　それが、**相談者、依頼人の意向の確認**です。より具体的に言えば、今回相談あるいは依頼を受けることになった目の前の相続案件について、相談者、依頼人がどのような処理、解決を望んでいるか、という点です。

　目の前にある資産、負債をどのように分けるかという点については、金額的な面だけでなく、具体的にどのような種類の資産を譲り受けたいかという点の意向確認も忘れてはなりません。

　自分の生活の本拠と遠く離れた実家の土地建物をそのままもらっても困るから現金で分けてもらいたいという場合もあるでしょう。逆に、お金ではなく今住んでいる実家を取得したいというパターンもあるはずです。

　また、その前提となる、遺産となるか否かの判断（遺産の範囲）、遺産の評価についても、相続人間で言い分が異なっているという場合はよくあり、この点も相談者、依頼人の意向を確認しておきます。

　ここは相続案件処理の入り口ないし最初期の段階の話ですから、まずは相談者、依頼人に任せて、その描いている遺産分割像を静かに聞いてみることにします。

　紛糾する相続案件では、どのみちいつかの段階で依頼人に「あなたの意向を100％満たす解決などあり得ないのだ」ということを説明して理解してもらう場面が出てきます。ですが、一番最初の段階で相談者の言い分を頭ごなしに削ろうとすると、あなたとの間の信頼関係という名の芽を踏み潰してしまいます（この芽は、こと相続案件では、発芽しにくく枯れやすいことが知られています）。

　いったんは真摯に、あるいは静かな気持ちで相談者の言い分に耳を傾ける必要があるのです。

第2章

相続開始後の道［法定相続編］

ただし、**当事者の高すぎる期待値**が相続案件を紛糾させる要因の上位に位置していることもまた事実です。

　ひとしきり希望を述べさせたうえで、予想される困難や障害となる要素についても指摘し、説明をしておかなければなりません。

　この相談者、依頼人の意向確認の点で一つヒントあるいはコツめいたものを挙げるとすれば、**今問題にしている内容が相続案件処理の中でどのような意味を持つのかをできるだけ明確に意識**し、また**相談者（依頼人）にも意識させる**ということです。

　たとえば、今問題としているのが遺産の範囲や金額的評価の問題なのか、遺言の有効性に関する問題なのか、特別受益の問題なのか遺留分の問題なのかというように、相談者の述べる生の事実や言い分が相続案件の中で問題となるどの要素に関係するのかを、きちんと切り分けたうえでできるだけ区別して考え、また考えてもらうのです。

　調停であれ審判であれ、法的手続によって相続案件を解決しようとする際には、このような区別は当然問題となりますし、あれもこれもと事情、言い分を展開しがちな当事者を前に案件処理の方向性をきちんと見定めるうえでも有用です。

さてどのように… ［分割協議・調停・審判］

　相談者、依頼人から相続案件の概要を聞き取って委任を受け、具体的に遺産分割事件の処理を進めることとなりました。

　次に、どのように遺産分割を進めていくか、という方法について述べたいと思います。

⑴　手続の流れ

　遺産分割では、大きく分けてまず当事者間での話し合いの段階があり、これがまとまらない場合には遺産分割調停、そして調停手続でも解決できない場合には遺産分割審判に進むこととなります。

　ただし、分割を待っていたのでは肝心の相続財産が散逸してしまうと

いった懸念があるケースでは保全的措置（審判前の保全処分、調停前の仮の措置）が必要となる場合があります。

これらについて順を追って見ていきましょう。

(2) まずは当事者間での話し合いを

遺産分割を行う場合、まず考えるべきは、当事者間での話し合いによる解決です。

簡単に言うと、当事者間で、相続財産・相続債務の調査・確認、分配方法の決定、そのために必要となる手続（遺産分割協議書作成や相続登記等財産の移転手続）を行うことで完了です。

話し合いをした結果、分割の話が円満に整うこともあれば、相続放棄（民915Ⅰ）をしようという人も出てくるかもしれません。相続人全員で限定承認（民922）しようという方向にまとまることもあるかもしれません。

また、相続債務等を差し引いた相続財産が一定額（基礎控除 3,000 万円＋（600 万円×法定相続人の数））を超える場合には、相続税の申告が必要で、これはできれば足並みをそろえて行いたいところです。とにかく、皆の知恵や情報を集めて相続財産や負債の内容を明らかにし、それぞれの言い分を確認するためにまずは話し合いをしてみるということが第一歩として大切なのです。

　スンナリと直接の話し合いだけで処理することができれば、解決のための当事者のコストを抑えることができます。この低減されるコストには、時間的なもの、費用的なもののほか、当事者がこの問題に関わることによって感じる精神的なコストも含まれます。

　また、話し合いで自主的に問題を解決したということそれ自体が、当事者自身に納得感を生み、その結果、後にわだかまりを残しにくくするのです。

　ただ、話し合いをどうやって始めるかは、少し考えどころです。

　話し合いを始めるべき時期について、特に定まったラインがあるわけではありません。日本人的な（というか仏教的な）発想から、四十九日を過ぎる頃までは分割の話はするべきではない的な考えが一部に根強くありますが、これにこだわる必要はありません。

　むしろ、熟慮期間が原則 3 か月しかないこと（民 915 Ⅰ）、相続税の申告期限（10 か月、相続税法 27）などを考えると、やはり早ければ早いほうが良かろうということになります。

　ただ、相続人間で自然発生的に話し合いの機運が高まればよいのですが、必ずしもそうなるケースばかりではありません。

　相続開始時に相続人によって遺産についての情報量に差があることも多く、これが遺産分割に積極的になるか消極的になるかという相続人それぞれの態度の違いとして現れることがあるからです。一部の兄弟が親の通帳や有価証券を取り込んで開示しようとせず、そのために遺産分割の話し合いが進まないといったケースはよくあるパターンです。

　相続人であれば相続財産の照会が可能とはいえ、とっかかりの情報がまったくない状態では資産調査も容易ではありません。このような場合、相続財産について情報量の少ない相続人の側から遺産分割の話し合いを

求めることが多くなるわけですが、ただ闇雲に「明らかにせよ」「話し合いに応じよ」といっても効果は薄く、やはり並行してできる限り自分で相続財産と負債の全容を把握するよう務めなければなりません（調査の方法について→127頁）。

　ときどき、遺産分割が膠着状態に陥ってしまい、かといっていずれの当事者も調停や審判といった法的手続に進む決心がつかないということで、遺産分割協議の進行が止まってしまうことがあります。これ自体はやむを得ない部分があるのですが、相続人についてさらに相続が開始し、より相続関係が複雑化してしまうリスクがあることも念頭に置いておくべきです。

　第三者への遺贈が含まれるような場合を除き、相続問題は親族間での争いです。この親族関係というものは法律で定められてはいますが、その根源は紛れもなく自然的・生物的なつながりであり、これは容易に断ち切ることができません。

　しばしば積極的な意味で「血は水よりも濃い」と言われますが、これはまったくそのとおりで、人は生きて社会生活を送っていく限り、親族との関係を完全に断つことは困難です。交通事故事案と違い、相続問題では「事件が終わったら以後はまったく顔を合わさない」というわけにはいかないのです。とりわけやっかいなのは、今の相続人間での争いやそこで生まれた不和が、さらに下の代に引き継がれてしまうことが多い、ということです。

　相続を英語で"Succession"（サクセション＝承継、連続）といいますが、良いものも悪いものも次代に引き継がれることになるのです。そして、相続で生まれた親族間の禍根は、相続放棄のように承継をストップさせる手立てはありません。

　それゆえ、相続問題では、他の多くの紛争類型と異なり、**「後にわだかまりを残さない」**ことが、**白黒を付けて紛争を一刀両断に解決する利益に優先**します。

　これは、当事者の視点を離れた客観的な見方・価値観ですが、相続問題やその解決手法の一面を非常によく捉えています。

⑶ 調　停

　いくら話し合いで解決するのが望ましいとはいえ、紛争の渦中にいる当事者同士で常にそれができるとは限りません。

　特に相続案件で噴出する問題は、それまでの数年から数十年の間に積もり積もったものであることが多く、当事者が主張をぶつけ合うだけでは却って亀裂を押し広げてしまうことにもなりかねません。

　また、話し合いは当事者の相互理解と協力が不可欠ですが、一人でもこれを拒む者がいた場合、それがどんなに理不尽な理由によるものであったとしても、解決に向けた歩みは止まってしまいます。

　そんなとき、「話し合いで解決しましょうね。そのほうがみんなハッピーなんだから」という言葉はまったく無力です。

　ところが、同じ自分に不利なこと、意に沿わないことであっても、激しく対立する相手から言われるのと、中立的な立場の人から言われるのとでは、言葉の響き方、受け取り方に大きな違いがあります。中立的な第三者の目や口を解することで、当事者自身が自分を客観視することができるようになるのですね。

　そんなわけで、**家庭裁判所の調停委員という中立的立場の人を介した当事者間での話し合い、家事調停という方法が相続問題解決の事実上の第二選択**となり、実際に解決方法として極めて大きなウエイトを占めています。

　遺産分割の事件では、制度としての調停前置主義（家事事件手続法257Ⅰ参照）はとられていないため、たとえば家庭裁判所の手続で遺産分割を試みる場合、調停と審判のいずれを申し立てることもできます。ところが、実際には、調停申立てが先行する場合がほとんどで、また、いきなり審判申立てがなされた事案でもまずは調停に付されることが多いのです（同274Ⅰ）。

　遺産分割事件でこのような**「調停前置的」運用**がとられているのは、調停手続の中での話し合いによる解決のほうが、相続問題という紛争の解決手段としてより適しているからという理解によるものです。

　当事者（やその代理人）の側も、付調停の可能性が高いというだけで

調停手続を選んでいるわけではありません。まずは調停委員関与のもと膝を詰めた話し合いをしてみることが相手の言い分や思惑を知るうえで有用であり、解決につながる可能性も高いといった点を考えているわけです。

調停で合意に至り作成された調停調書は確定判決と同一の効力を有することとなりますから、そこで定められた金銭支払いや動産の引渡し、不動産の登記移転等の義務について、強制執行も可能となります。

(4) 遺産分割審判

当事者間での遺産分割協議も調停手続も結局は話し合いですから、合意に至らない場合には紛争解決とはなりません。

遺産分割調停事件はいわゆる家事事件手続法上の「別表第二」事件となりますから、**不調（調停不成立）となった場合には、家事調停申立ての時に当該事項についての家事審判の申立てがあったものとみなされる**結果（家事事件手続法272Ⅳ）、自動的に審判手続に移行します。

ここは民事調停事件や離婚調停事件で不調となった場合に訴えの提起が必要となるのとは大きく異なっています。

審判手続では、当事者の意見を聞く審問期日が開かれ、そこでの主張の内容が判断の一資料とされます。

◆ 遺産分割と寄与分の主張上の注意点

ここで注意が必要なのは、遺産分割に関して寄与分（民902の2）を主張しようとする場合、**遺産分割の審判・調停の申立てと別に、寄与分を定める処分審判あるいは調停の申立てをしなければならない**ということです。

これは、遺産分割調停が不調となって審判移行した場合でも同様で、当初申し立てられたのが遺産分割調停のみであれば審判の対象も遺産分割のみとなりますから、寄与分を主張するのであれば、やはり寄与分を定める処分審判の申立てが必要ということになります。

ただ、調停段階では寄与分主張の意思はあるとしつつ、寄与分を定める処分調停の申立てまではせずに遺産分割調停の中で話をするということも事実上行われています。そこには「対立を決定的なものにはさせた

くない」、あるいは「牽制のためのカードとして用いたい」といったいろいろな思惑が背後にあるわけです。

そういった手続の進め方でも、話がまとまる限り、遺産分割調停手続の中で寄与分も含めた解決をすることは可能です。

ところが、遺産分割調停が不調になり審判移行した段階で、なお寄与分の主張を維持したい（明確化したい）場合には、やはり寄与分を定める処分審判の申立てが必要になるというわけです。

実務では、遺産分割調停が審判に移行した段階で、寄与分を定める処分の審判の申立期間指定（家事事件手続法193Ⅰ）がなされ、当事者はその期間内に申立てを行うことになります。そして、遺産分割事件と寄与分を定める処分事件とは併合審理されることになります（同192）。

なお、上記とは逆のパターンですが、寄与分を定める処分審判の申立ては遺産分割の前提問題としての性格を有するため遺産分割審判の申立てがある場合に限って申し立てることができるものとされています（浦和家裁飯能出張所昭和62年12月4日審判・家裁月報40巻6号60頁）。

審判でなされた判断は、これまた債務名義となり、これに基づく強制執行も可能です。

さて、ここまでの話に少し関連する事項として審判前の保全処分（家事事件手続法200）にも少し触れておきます。

いくら話し合いによる解決がふさわしいと言っても、財産を取り込んだ一部の相続人がそれを費消してしまうおそれがあるという状況では、あまり悠長なことは言っていられません。調停成立や審判の時点で遺産が残っていなければ意味がないのです。

それを防ぐため、財産の管理者の選任や財産の仮差押え、仮処分その他の必要な保全処分を命ずる審判をすることができ、これが審判前の保全処分といわれるものです。

旧法時代にはこの保全処分は「審判前」の名のとおり、審判の申立てがあることが必要でした（家事審判法15条の3参照）。このため、一部の相続人による費消・隠匿のおそれがある場合、保全命令申立てのために、わざわざ（調停ではなく）審判の申立てをしなければなりませんでした。調停手続が係属している場合には、あえて不調にするか取り下げて審判

申立てをするかしなければならず、非常に迂遠で使い勝手が悪いという問題があったのです。ところが、家事事件手続法では「遺産分割の審判又は調停の申立てがあった場合」（家事事件手続法200Ⅰ・Ⅱ）とし、調停手続係属中にもこれらの保全処分が利用できることになりました。

調停事件係属中も利用できるようになったことから、「調停前の保全処分」という言い方があってもよさそうなものですが、現行法の下でもひっくるめて「審判前の保全処分」という呼び名が通用しており、やや違和感を感じるところです。

なお、調停手続ではこれに似た「調停前の処分」というものがあり、これは調停委員会が、家事調停事件が係属している間、調停のために必要であると認める処分を命ずることができるというものです（家事事件手続法266Ⅰ）。調停委員会が職権で行うものであるため、当事者には申立権はなく、職権発動を求める形となります。

もっともこれには執行力がなく（同Ⅲ）、違反のペナルティも10万円以下の過料という脆弱なものであるため、どうしても間接的な抑止力しかありません。このため、保全的措置が必要な場合には、審判前の保全処分が多く利用されています。

⑸　不服申立て

なお、遺産分割の審判に不服がある場合、2週間の不変期間内に即時抗告（家事事件手続法85Ⅰ、86Ⅰ）を行うことができ、この場合、高等裁判所で判断されることとなります。

相続分あげます

以上は相続人となる者の間での分割の仕方について述べたものです。

ところが、時に相続人でない者も関与する形で遺産分割が行われる場合があります。

それが相続分譲渡（民905）の行われるケースです。

そうだ、俺の相続分もあげちゃう！いーっていーって。イナカのボロ家と小っさい畑くらいしかないけどな。

相続分処分でどうなるか

　民法905条では、「共同相続人の一人が遺産の分割前にその相続分を第三者に譲り渡したときは」とし、相続人が有する相続分を他人に譲渡できることを定めています。

　といっても、「相続分」という以上に具体的な内容はそこには書かれていませんから、ここで解釈の余地が生じます。

　いったい、相続分って何なのでしょうか。これはそれなりに深い問題です。

(1) 相続分譲渡が利用される場面

　これを考えるには、相続分の譲渡なるものを認める意味がどこにあるかから考えたほうがよさそうです。若干本末転倒な感じがありますが、

ここは理論よりもまず、実務での使われ方を見るとわかりやすいかもしれません。

相続分の譲渡が用いられる場面で多いのは、相続人として遺産分割に関与したくないから他の人に譲ってしまいたいというパターンでしょうか。相続でいわゆる争族人になりたくないという気持ちから、「ええいこんな地位は誰かに渡してしまえ」というのはわかりやすい話です。

自分が相続争いに巻き込まれたくないというだけであれば、相続放棄（民915Ⅰ）をすることで足りるはずですし、これは手続的にもかなり簡単です。

ところが、「相続争いには関与したくないけれど、放棄した結果、弟の取り分が多くなるのは避けたい」「自分は相続人としての地位を主張しないけれども、親の介護に尽力した姉の取り分を多くしたい」というケースでは、相続分譲渡を選ぶ実益があります。

A、B、C3人の同順位の相続人のうちAが放棄すると、B、Cの相続割合は3分の1から2分の1に増えますが、AがBに遺産を集中させたい（Cの相続割合を増やしたくない）というときには、自分の相続分をBに譲渡することで、Bが3分の2、Cが3分の1を相続する形にすることができるというわけです。

また、相続分の譲渡は無償で行われるとは限りません。

遺産分割が長引きそうなときに、相続人の一人が自分の相続分を他者に有償で譲り渡すことで、早期に金銭を手にするという処理もよくあります。

(2) 譲渡される相続分とは

では、肝心の「相続分」とは何を意味するのでしょうか。

「譲渡」という言葉から、相続人となることで得られる利益的なものや地位がおぼろげにイメージされます。負債などマイナスのものは「譲り渡す」というにはかなり恩着せがましいように聞こえます。

ですが、ここで譲渡される相続分は、**相続人（譲渡人）が有していた包括的な相続財産全体に対する持分、法律上の地位**を指し、プラスの財産のみならず、マイナスの財産、つまり相続債務も含まれると解

されています。確かに、プラスの財産だけが譲渡の対象となるのであれば、相続人が相続放棄ではなく相続分譲渡という方法をとるインセンティブが低下しそうですね。

ただし、相続分譲渡は相続債権者の関与なく行われるものであるため、**相続分を譲り渡した相続人（譲渡相続人）も対外的には債務は免れない**と考えられています。

つまり、**相続分譲渡によって、相続債務は譲渡相続人と相続分の譲受人の債務が併存する**形となると言えます。

それら各債務の関係については議論があります。

相続財産が債務超過であるような場合には、普通に考えると放棄するよりも損になるわけですから、相続分譲渡の方法が適切か否かは慎重に考えたほうがよいということになりますね。

さて、もう一つの視点から。

それは、ここで譲渡される相続分が法定相続分なのか、具体的相続分なのかという点です。言い方を変えると、譲渡相続人について存在した寄与分や特別受益等の事情も一緒に譲受人に移るのかという問題です。

ここも実はけっこう争いがあるのですが、一般的には具体的相続分と考え、譲受人は譲渡相続人について存在した寄与分を主張できるし、特別受益の主張もなされ得るという見解が有力です。相続分の譲渡がされたからといって、譲受人が譲渡相続人に比べて有利・不利になる合理的、説得的な理由は乏しいように思われるからです。

ただ、具体的相続分と考えるにしても、譲渡相続人が相続問題からの離脱のために相続分を譲渡したような場合は、実際の分割協議の中で譲受人が寄与分を主張したり、特別受益の主張に対して反論したりすることは難しくなる場合もありそうですね。なぜかというと、そういった寄与分や特別受益の問題は、普通、生前の寄与や受益の当事者でなければ知り得ない事情が多く、譲受人が主張や反論をするにはやはり譲渡相続人の協力が必要になるからです。

こういった、外から見えにくい事情が存することを理由に、相続分譲渡の対象は法定相続分であると考える見解もあるほどです。

⑶ 相続分の取戻請求という方法

先に挙げた民法905条1項は、相続分の譲渡ができることを前提に、それが**相続人以外の者**に対して行われた場合に、相続人が価額・費用を償還して相続分を取り戻す（自分が譲り受ける）ことができる旨を定めたものです。

第三者に譲渡されたときが想定されているため、**相続人間で相続分譲渡が行われた場合に、他の相続人がこの取戻権を行使することはできません。**

この取戻権の趣旨は、相続人でない第三者が相続の争いに介入することを防ぐことで円滑な遺産分割を守ろうとするだとか、先祖から代々受け継がれた資産が他人の手に渡ることを回避するだとか、どうやらそういうところにあるとされているようです。

「なるほどな」と思える部分がある反面、なにかスッキリしないものを感じます。

第三者を受遺者とする包括遺贈が行われた場合は親族でも何でもない人が遺産分割に関わってきますし、特定遺贈でも似たような事態は生じ得るものです。ここは被相続人、相続人、いずれの意思によるものかという違いはありますが、「第三者の介入阻止」はあんまり説得力がないような気がしてきます。それでなくても、相続人の配偶者が介入して遺産分割が揉めることが多いというのは一種の経験則になっています。

また、先祖代々の資産を云々というところはもっとよくわかりません。

動産、不動産等資産の内容を問わず、相続税を支払うため、あるいは公平な分割を行うため、いろいろな理由から売却がなされることもよくあります。

こういった理由から、相続分の取戻権自体を認めるべきではないという意見も根強くあるのですが、ともあれ、現状は存在する制度ですから避けては通れません。

相続人は、他の相続人（争いがあるものの包括受遺者も含まれると考えられます）の相続分が相続人以外の者に譲渡された場合には、その価額と

第2章 相続開始後の道〔法定相続編〕

費用を支払ってこれを取り戻すことができ、譲受人はこれを拒めません。

なお、相続分は譲渡相続人が有した包括的な地位を言うので、相続人の一人が特定の相続財産に対する自分の共有持分権を他人に譲渡した場合に、この取戻権で取り戻すことはできません。

ここでいう相続分の価額は**取戻権を行使した時点の価額**をいうものとされています。もっとも、権利の行使期間自体が1か月と短く設定されているため（民905Ⅱ）、相続分譲渡時と取戻権行使時とで大きく資産価値が変わっているというケースはあまりなさそうです。値動きの激しい不動産や有価証券等が遺産に含まれているなど、ある程度特殊な場合に限られてくるでしょう。

ただ、**無償で相続分が譲渡された場合であっても、取戻権行使時の時価での譲り受け（取戻し）が必要**となるという点は注意が必要です。

また、価額とともに償還が必要となる「費用」は、相続分譲渡を受けるについて必要となった実費、たとえば公正証書作成の費用や印紙代等をいうのが普通です。

相続分の取戻請求は速やかに

以上のように、相続分が相続人ではない第三者に譲渡された場合に限り、相続人は相続分の取戻権（民905Ⅰ）を行使して、それを譲り受ける（取り戻す）ことができます。

ただし、この**取戻権の行使期間は1か月**と短く設定されています（同Ⅱ）。

しかも、注意が必要なのは、この1か月は時効ではなく除斥期間だということです。このため、この期間は中断することはありませんし、譲受人の援用の意思表示も不要ということになりますが、その起算点をいつと見るかはややこしい問題です。

相続分譲渡がなされた時点、相続分譲渡の通知が他の相続人に対してなされた時点、他の相続人が相続分譲渡の事実を知った時点など、いくつかの見解がみられますが、取戻権を行使する側としては安全を期して

やはり相続分譲渡がなされた時点をスタートと考えておいたほうがよさそうです。

では、この1か月の間に、相続分を取り戻そうとする相続人はどのようにすればよいのでしょうか。

これは、譲受人に対して相続分の取戻権を行使する旨の意思表示と、償還のために必要な価額の現実の提供、という2つの要素が揃っていなければなりません（もちろん、これらを1か月以内に）。

通常、一部の相続人が相続分を相続人以外の誰かに譲渡するということはそうそうあるものではなく、そのような譲渡があったとしても、それが秘密裏に行われていれば他の相続人にはその譲渡の事実を認識することができません。

> 他の相続人に内緒で相続分を第三者に譲渡してしまうということ自体がかなり特殊なケースなのです。

先に書いたように相続分譲渡の日を起算日と考えると、結局、他の相続人が相続分譲渡の事実を知ったときには、とっくに取戻権の行使期間を過ぎてしまっていたということもあるはずです。

また、相続分は相続財産に対する包括的な持分、法律上の地位であり、その取戻し（買い戻し）資金を現実の提供ができる程度にまで準備・確保するにはある程度の時間がかかる場合も多いでしょう。

このような起算日の考え方や行使期間の短さ、価額・費用の現実の提供までが要求されることといった点は、相続分譲渡についての取引安全を強く意識したものだと言えます。ところが、そうなるといよいよ、相続問題への第三者の介入や先祖代々の資産の逸出を防ぐという相続分の取戻権自体の意義が薄れてくるように思えてなりません。

いずれにせよ、相続分の取戻権の行使が問題となった場合、普通は十分な時間的余裕があることは少ないものです。

譲渡の事実、時期、態様、相続財産および当該相続分の価額、譲渡の費用等を調査し、買い戻し資金の準備と譲受人への通知・現実の提供を行うことを考えると、直ちに動く必要があります。

取戻権が適正に行使されると、譲受人たる第三者はこれを拒むことができず、その譲り受けた相続分は消滅し、一方、相続債務も免れること

となります。

　取り戻された相続分が誰に帰属するかについては争いがありますが、他の共同相続人全員で取り戻した場合にはその負担した価額・費用の割合で各人に帰属し、一部の者だけでの取戻権行使の場合には、それらの者のみに帰属すると考えておけばよいでしょう。

第2章 相続開始後の道　[法定相続編]

③ どうやって資産を移すのか

[法定相続の財産移転]

　遺産分割の紛争では、どのような財産をどのように分けるのかという面がクローズアップされがちですが、実際に分割協議が整った後、どのように資産を移すかという点も考えておかなければなりません。

　人が死ぬときに遺す財産は、現金や動産といったわかりやすいものから、不動産や多数の利害関係人が生じるような財産的権利のように当事者の合意だけでは権利の移転が完了しないものまで実にさまざまです。

　分割協議では、財産の分け方だけでなく、その移し方も意識して話し合いを進めなければ、思わぬところで手続が頓挫してしまったり、分割協議のやり直しを強いられたりするおそれがあります。

　以下では、相続で問題となりやすい代表的な資産・権利や、少し特別な考慮が必要なものについていくつか例を挙げて説明します。

預貯金資産

(1) 一般的手続

　相続による預貯金の承継の手続は、通常、相続人が被相続人の口座がある金融機関に被相続人の死亡の旨を伝えることから始まります。

　このとき、少なくとも被相続人の口座がその銀行・支店にあることが

わかるだけの情報を伝えられなければなりません（普通はキャッシュカードや預金通帳が手元にあれば、口座番号と名義を伝えることで足りるはずです）。普通預金があると知って金融機関に問い合わせたところ、定期預金等他の預金や貸金庫取引の存在が判明することもあります。

この連絡により、金融機関はいったん被相続人名義の取引を停止する処理を行います（法律的な表現ではありませんが、これを「口座の凍結」という言い方をすることがあります）。

口座の凍結が生じると、普通、預貯金の預け入れや引き出し、振込入金や引き落としができなくなり、また貸金庫も通常の開閉の手続がとれなくなります。そのため、定期的な入金があったり、公共料金や借地・借家の賃料の引き落としなど遅滞させられない支払いに利用されたりしている場合には、早期に入金口座、引き落とし口座を変更する必要があります。

継続が必要な公共料金の支払いについては、請求書・納付書を送ってもらって毎月払い込むという方法も考えられます。

もっとも、このような取扱いを貫くと、一部の相続人による相続開始前の口座からの出金を招いたり、資金力のある相続人が遺産分割協議を引き延ばしたりといった弊害が生じます（特に直前の預金出金は遺産分割事件でよく問題とされます）。

そこで、この点については、今般の相続法改正で一定の手当てがなされています。

各共同相続人は、遺産に属する預貯金債権のうち、相続開始時の残高の３分の１にそれぞれの相続人の法定相続分を乗じた額について単独で権利行使（払戻請求）ができるものとし、行使された部分についてはその相続人の相続分の先渡しとして処理される制度が設けられます（新民909の2）（→271頁）。

これにより、相続開始後も、相続財産に関して必要な支払いに充てる資金の出金が可能となり、遺産分割処理を円滑・柔軟に行えるようになるでしょう。

さて、まずは預貯金が凍結できました。

次に、相続による承継の手続です。

預貯金資産の承継は、普通、**被相続人名義の口座を解約して出金する処理、口座を解約せずに相続人（の誰か）に名義変更する処理**の2通りが考えられます。

　単独相続、共同相続いずれの場合であっても、手続をする者が口座名義人（被相続人）の相続人であることを証する資料、つまり被相続人の出生から死亡までの戸籍（ないし除籍）全部事項証明書（原本）、相続人の戸籍全部事項証明書（原本）と手続する相続人の実印、印鑑登録証明書（原本）の提出が必要です。

　また、共同相続の場合には、遺産分割協議書があればその提示を求められるのが通例ですが、それがあろうとなかろうと、相続人全員の印鑑登録証明書（原本）のほか、**それぞれの金融機関所定の依頼書、印鑑届の提出が求められることが多い**ようです。

　大量の預貯金取引を画一的・迅速に処理しなければならない金融機関にとっては、どこの誰が作ったかもわからない、書き方もイマイチ統一されていない遺産分割協議書の記載だけで手続をするのはリスクも高く避けたいところでしょう。このために統一書式の依頼書を用意し、定型的な手続に乗せてもらうという処理は合理的ではありますが、相続人からすれば一手間増えるということになります。

　ようやく、抗う共同相続人をなだめすかして遺産分割協議書に実印を押してもらい、印鑑登録証明書も集めてさあ手続だと思ったところ、あとから銀行ごとに依頼書、印鑑届の提出が必要となるとわかって慌てるということはできれば避けたいところです。

　ところが、この手続は、金融機関、希望する処理の内容（解約・出金か名義変更か）によっても異なるので、遺産分割協議を始める段階で先にそれぞれの金融機関に手続の詳細と必要書類をあらかじめ確認しておくべきでしょう。

　被相続人名義の通帳やキャッシュカード、証書等がある場合には、それらの提出（返還）も求められます。

　預貯金の解約・名義変更の手続は資料（戸籍全部事項証明書や相続人全員の印鑑登録証明書など）を集めるのも大変ですが、これを手続のたびに金融機関ごとに提出しなければならないという煩雑さもあります。口座

が多い場合、全部の金融機関、全部の支店ごとにそれぞれ戸籍全部事項証明書の原本を1セットずつ用意するなんてことはおよそ現実的ではないので、内容を確認してもらったうえで全部事項証明書の原本を還付してもらう扱いをとることになります。

　もっとも、このやり方では複数の金融機関に対する手続を同時に並行して行うことができないという問題があり、平成29年5月から始まった**法定相続情報証明制度**による証明書の活用で手続の簡素化・省力化が期待されるところです（→83頁）。

　これは、法務局（登記所）に相続に関わる戸籍全部事項証明書の一式とそれをもとに作成した法定相続情報一覧図（相続関係図）を用意して提出し、登記官がその内容に間違いないことを確認したうえで認証文を付した一覧図の写しを交付してもらえるという制度です。

　結局、戸籍全部事項証明書一式を用意しなければならないという最初の手間は変わらないのですが、この法定相続情報証明書による相続関係確認が一般的に認められることになれば、各金融機関や役所の窓口で相続関係を確認する作業負担が大きく軽減されることになります。

⑵　最高裁判例の変更について

　預貯金の相続に関しては、平成28年12月の判例変更を押さえておく必要があります。すでに一度触れましたが、ここで詳しく見ておきましょう。

　平成28年12月19日の最高裁決定（民集70巻8号2121頁）は、**共同相続された普通預金債権、通常貯金債権、定期貯金債権は、いずれも遺産分割の対象となる**とし、「相続開始と同時に当然に相続分に応じて分割される」としてきた従来の判例を変更しました。

　可分債権は相続人が複数いる場合、相続開始と同時に相続分に従って当然に分割されるため（最判昭和29年4月8日・判タ40号20頁参照）、これまでは可分債権である預貯金債権についても相続開始により当然分割され、相続人全員の合意がない限り遺産分割の対象になることはないという理解が一般的でした。

　家庭裁判所に預貯金債権の遺産分割を内容とする申立てをした場合、

　調停であれば遺産に関する紛争調停事件（不調でも審判移行しない一般調停）の形で受理する庁もあったようですが、審判となると相続人全員の同意がない場合には却下されるという運用がとられていました。
　そんななか、平成28年決定は、共同相続された普通預金債権、通常貯金債権、定期貯金債権について、相続開始と同時に当然に相続分に応じて分割されることはなく、遺産分割の対象になるのだと判断を変更したわけです。具体的に見ると、この事案で問題となったのは市中金融機関の普通預金債権とゆうちょ銀行の通常貯金・定期貯金債権でしたが、判断理由として、確実かつ簡易に換価でき現金との差をそれほど意識させないという「預貯金一般の性格」が指摘されていること、定期預金については本決定に続いて当然分割を否定する判断（最判平成29年4月6日・金法2064号6頁）が出ていること等からすれば、本決定の考え方は**定期預金債権、当座預金債権等も含む預貯金債権に一般に妥当する**と考えるべきでしょう。

さて、すこし話を昔に戻してみましょう。

従前は「預貯金債権は相続で当然分割」がほぼ確立した考え方であったわけですが、それでもごく一部を除き、金融機関では相続人全員の同意に基づく手続の方法（全員の印鑑登録証明書の添付を求められることが一般的です）でなければ解約や個別の払い戻し等には応じないという対応がとられていました。そのため、「当然分割」が建前とはいえ、共同相続人は被相続人名義の口座が存する金融機関に対し、個別に預金返還請求訴訟を提起しなければ返還を受けることが難しかったというわけです。

窓口に来た親族に客観的な相続権があるかを判断することが不可能な金融機関としては、相続争いに巻き込まれるリスクを回避するうえでやむにやまれぬ対応であったと思いますが、そこに「法律上は当然に分割されているのになぜ訴訟しないと払い戻しに応じないのか」という相続人側の不満が生じるのも無理からぬところでした。

共同相続人の一部の者だけの意思で自分の相続分に応じた預貯金債権

の払い戻しや解約ができないという結論（金融機関の窓口での対応）は今後も同じですが、今般の判例変更によって、その金融機関側の対応の根拠が大きく変わったと考えることができます。

　いずれにせよ、共同相続人としては、預貯金資産について**遺産分割協議を済ませたうえで各金融機関所定の手続に則って預貯金を分割取得・払い戻しする**、あるいは**相続人全員で合意して払い戻し請求を行う**という方法をとらなければなりません。これらができない場合には、遺産分割調停あるいは審判手続を経る必要があります。

　不幸にも共同相続人中に所在不明の者がいる場合には、不在者財産管理人選任を申し立てる、あるいは失踪宣告を申し立てる等の処理が必要になります。

　当然分割ではなくなりましたから、今後、これらの方法をとらず金融機関に対して共同相続人の一部が相続財産である預貯金債権のうち自分の相続分に相当する部分について払い戻しを請求する訴訟を提起をしても棄却されてしまうことになります。

　以上のような取扱いは額面額での評価が可能であることや決済手段的性格が強く現金とかなり近い性格を持っていること等に着目し、預貯金債権の相続についてのみ取扱いを変更したというものにすぎません。ですから、可分債権一般については、相続開始と同時に相続分に応じて当然分割されるという考え方はなお維持されています。

 ## 不動産

　不動産が相続される場合、相続を原因とする所有権移転登記手続（相続登記手続）が必要です。

　単独相続、共同相続に関わらず、相続人は法定相続分に従った割合であれば、自ら単独で全員分の相続登記手続を行うことができます。

　その後、遺産分割協議や調停、審判の結果、法定相続分とは異なる割合で不動産が取得されることになったというケースも考えられます。

　このときは、その旨を証する遺産分割協議書、調停調書ないし審判書

があれば、取得することとなった相続人が単独で相続を原因とする所有権移転登記手続を行うことが可能です（この場合、従前の法定相続分に従った相続登記は錯誤により取り消す処理がなされるのが一般的です）。

なお、法務局（登記所）が作り出したシステムであるため当たり前のような気もしますが、相続登記手続でも、先に書いた法定相続情報証明制度の活用が開始されています（→83頁）。

 有価証券

(1) 株　式

　株式も相続の対象となり、1株単位で複数の相続人が分割取得することもできますし、共有も可能です。ただし、共有の場合は、原則として当該株式について、**権利行使者**を定めたうえ、その者の氏名または名称を発行会社に通知しなければ株式に関する権利行使（議決権のほか共益権も）ができません（会社法106）。これは株式が共同相続される場合にもあてはまります。

　株式の取得を第三者に対抗するには株主名簿の書き換えが必要となり（会社法130）、発行会社（あるいは証券会社）に対し、名義変更の手続をとる必要があります。

　通常、相続関係を証する一連の戸籍全部事項証明書のほか、遺産分割協議書、調停調書、審判書、相続人の印鑑登録証明書等の提示・提出を求められることになります。

(2) ゴルフ会員権

　いわゆる預託金型のゴルフ会員権であれば、一身専属性が否定されていることが通常です（この点は規約の会員たる地位・権利の譲渡の可否、会員資格喪失の定め等により確認することができます）。この場合、相続も可能となり、取得した相続人は、一連の戸籍全部事項証明書や印鑑登録証明書、運営会社所定の手続による名義変更申請を行うことによって会員

権の相続手続を行うこととなります。

　ゴルフ会員権はその地位の共有が認められていないのが普通であるため、売却して代金を分割するのでない限り、誰か一人が取得（相続）する形としなければなりません。

　相続人への名義変更、売却のいずれの場合であっても、滞納している会費については、精算が必要となるのが通例です。

その他の財産

(1) 不動産賃貸借の賃貸人たる地位

　不動産賃貸借では、賃借権に対抗力が認められる場合、賃貸物件の所有権移転により賃貸人たる地位も当然に旧所有者から新所有者に移転します。

　きょうび、不動産賃借権を登記する（民605）というケースはほとんど見られなくなりましたが、借家契約であれば建物の引渡し（借地借家法31Ⅰ）、借地契約であれば借地上の建物の登記（借地借家法10Ⅰ）があれば、賃貸不動産の新所有者が賃貸人たる地位を取得する、というのが一般的なルールです。

　もっとも、相続は一般承継であるため、上記のような賃借権の対抗力の有無にかかわらず、**賃貸不動産を取得した相続人が、賃貸人たる地位も当然に承継する**ことになります。

　ただし、「当然に」とはいっても、相続人は賃借人に対して自分が新たな賃貸不動産の所有者（賃貸人）であることを示す必要がありますから、通常は相続と不動産の所有権取得の事実を証する資料、つまり一連の戸籍全部事項証明書や遺産分割協議書等を示して、自分が賃貸人たる地位を承継したことを通知することになるでしょう。また、多くの場合、相続によって賃料の振込先口座など支払い方法にも変更が生じることが多いでしょうから、当然そのことも伝えておかなければなりません。

　この場合、相続を機に新たに新賃貸人（相続人）と賃借人との間で賃

貸借契約書を作成し直すこともあり、そのほうが後の権利関係をより明確なものにできるというメリットもあります。もっとも、このような契約書のまき直しは必須ではなく、旧賃貸人（被相続人）の名前のままの契約書だけで賃貸借関係を継続することも多く見られるところです。

⑵　借地権、借家権

　では、反対に借りる側の借地権、借家権は相続により問題なく承継されるのでしょうか。

　こちらも一般承継なので、当然に旧賃借人（被相続人）の相続人に不動産賃借権が承継されるかが問題となります。

　結論から言うと、不動産賃借権が相続によって承継される場合、これは無断譲渡にはあたらず、賃貸人の承諾は不要であるとするのが判例です（大判大正13年3月13日・評論全集〔民法〕13巻549頁）。

　このため、賃借人の相続人としては、自己が賃借権を相続により取得したことを、これまた一連の戸籍全部事項証明書や遺産分割協議書等を示して賃貸人に通知することになろうかと思われます。

　もっとも、現実には、ことはそう単純ではありません。

　賃貸目的物を賃借させるという賃貸人の義務は没個性的で、賃貸人が誰であっても実際には債務の履行にさほど影響を及ぼさないといわれます。そしてこれが、不動産賃借権に対抗力がある場合に、賃借人の同意なしに賃貸人たる地位が移転することの根拠の一つとしても挙げられるわけです。

　特異な賃貸人と賃貸トラブルに陥ったことがある人にとっては、「本当にそうか？」とどうにも首を傾げざるを得ないのですが、ともあれ、そのように考える向きがあることは事実です。

　これに対し、物件を貸す側からすると、**誰が実際に使用収益するかということは、普通、賃貸借契約の内容、あり方に大きく影響します。**だからこそ、賃貸人は賃借物の用法を事細かに定め、無断転貸や賃借権の無断譲渡を厳しく制限しようとするのです。

　相続（の際の承継）は、第三者への遺贈や死因贈与が絡むような少し特殊な場合を除き、親族間で発生するものですが、いくら包括承継だ、

一般承継だと言ってみても被相続人と相続人は親族とはいえ別の人格ですし、相続人が甥、姪などであれば、交友関係や生活状況、生活様式、価値観が大きく違っていてもなんら不思議はありません。

そのため、相続によって賃借権が承継される場合であっても、それを許したのでは賃借物の使用収益の態様に大きな変化が生まれてしまい、賃貸人としては許容しがたいという場合もあるでしょう。

ただ、こういったケースでは、**相続人による現実の使用収益が用法違反にあたるなどの場合に、改めて解除を問題とすべき**ということになるのかもしれません。

(3) 損害賠償請求権

被相続人が第三者の故意ないし過失に基づく行為によって死亡したといった場合が典型ですが、相続財産中に第三者に対する損害賠償請求権が存在することがあります。

共同相続の場合であれば、すでに発生している金銭債権（可分債権）は、それぞれの相続分に応じて分割されることになります（最判昭和29年4月8日・民集8巻4号819頁）。また、相続人間でそのような損害賠償請求権も遺産分割の対象とする旨合意し、法定相続分と異なる割合で分割を行うことも可能です。

各相続人において、自分が取得した損害賠償請求権の範囲で、加害者等債務者に対して賠償請求を行うことになりますが、この場合にも、当然のことながら自己が相続人であり、その主張する割合（金額）について、損害賠償請求権を相続した旨を証明する必要があります。すなわち、一連の戸籍全部事項証明書や遺産分割協議書を示したうえで、加害者等債務者との交渉や訴訟提起などを行うことになります。

(4) 知的財産権

① 著作権

著作権のうち、一身専属的権利とされる著作者人格権（公表権、氏名表示権、同一性保持権。著作権法18〜20）は相続の対象とはなりません（民

896但書）が、それ以外の種々の財産的権利（著作権法21～28）は著作権が存続期間内にある限り相続の対象となります。

著作権は著作物を作成することによって権利が発生し、権利取得に登録等なんらかの方式が要求されるわけではありません（著作権法17Ⅱ）。著作権法上は登録制度がありますが（著作権法75～78の2）、これは著作権に関する種々の事項（著作者名、創作年月日、出版権など）や権利変動等を公示するために設けられたものです。

通常、著作権の移転（譲渡）は当事者間の合意のみで有効に行うことができるのですが、これを第三者に対抗するためには著作権登録制度上の移転登録の手続が必要です（著作権法77①）。もっとも、この移転登録の制度は、第三者対抗関係が問題とならない一般承継（相続のほか、合併なども含まれます）による移転の場合は除かれています（同号）。このため、被相続人の著作権が単独相続される場合、共同相続人のうちの一人が単独で相続する場合には移転登録は不要で、共同相続の場合も遺産分割協議で取得者を定めていればよいということになります。

他方、相続による著作権の承継でも、複数の相続人等で分割する場合、この事実を第三者に対抗するためにはやはり移転の登録（同号）が必要になります。

この登録手続は、文化庁（プログラム著作物の場合は財団法人ソフトウェア情報センター）に申請することで行います。

② 工業所有権

特許権や実用新案権等の工業所有権は権利の取得に出願や登録が必要となりますが、これらも存続期間内である限り相続の対象となります。

この場合、相続人であることを証する資料（戸籍全部事項証明書、遺産分割協議書等）を添付し、権利の内容を特定したうえで、特許庁に対して相続を原因とする移転登録申請を行うことになります。

具体的な手続については、特許庁に確認してください。

③ 仮想通貨

　近時よく問題となる財産としてビットコイン、イーサリアムなどの仮想通貨があります。

　多くの仮想通貨に共通して見られる特徴として、取引上の高い匿名性や多様な保管・保持形態というものがあり、これらが相続における承継の点でやや難しい問題をはらんでいます。後者について言うと、仮想通貨は、取引所事業者の被相続人名義の口座内にデータとしておかれている場合もあれば、被相続人の端末（パソコンやモバイル端末）内のウォレットと呼ばれるプログラム内にローカルデータとして存在する場合もあり、通貨の種類によっては紙等に印字された記録として残されている場合もあります。

　いずれの場合でも、被相続人が保有している仮想通貨の種類や数量が把握できる限り、現金あるいは預金と同様に考えて財産として捉え、それを相続人間で分けるのは不可能ではありません。

　そして分割の話が整ったときには、それぞれの仮想通貨の取引方法に従って移転を行えばよい、ということになります。通常は、取得する相続人がその通貨に対応したウォレットなり取引所の口座なりを用意し、そこに送金するという形になるのでしょう。

　取引所にある被相続人名義の口座についても、アカウントやパスワードがわかるのであれば、それを利用して内部の仮想通貨を送金処理することができてしまうので、（少なくとも現時点では）口座名義の相続が問題となることは多くはないようです。

　ただ、高い匿名性・秘匿性ゆえ、被相続人がまったく情報を残していなければ、仮想通貨の存在に気づくこと自体が困難だという問題があります。また、保有していたことがわかったとしても、ウェブサイトやアプリへのログインIDやパスワードがわからなければ手も足も出ないということもあり得ます。

　たとえば、相続人のうち一部の者が仮想通貨の存在を知っていて、それを秘密裏に自分のウォレットに送金して取り込んでいても、ほかの相続人がそれを察知するのは難しいのです（この資産移動の捕捉が困難とい

う点は、課税の面でも問題となります）。

　結局のところ、相続財産としての仮想通貨については、その把握が大きな課題となるのですが、そもそも匿名性を一つの大きな存在意義とする資産である以上、この点はそういうものだと割り切って考えるしかありません。

　なお、被相続人自身がマイニングによって原始的に得たものでない限り、仮想通貨を取得するには円やドルなどの法定通貨を取引所で交換するという形が多くなりますので、銀行預金等の口座履歴や購入・売却の約定を示すメールを手掛かりとして探すのも一つの手です。

④ 相続財産の清算

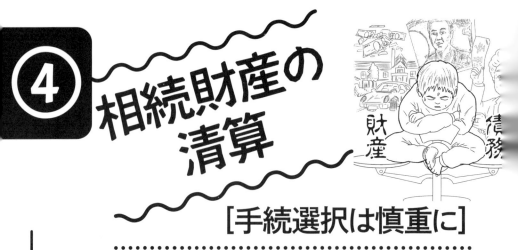

[手続選択は慎重に]

　　相続人等が単純承認や遺贈の承認をした場合には遺産分割や遺言執行に進むことになります。他方、相続財産にマイナスの資産（相続債務）の存在が見込まれる場合、相続人や相続債権者の選択肢はもう少し広がり、処理もより複雑になります。
　ここでは、限定承認、財産分離、そして相続人の不存在の場合（相続財産管理人の業務）について見ていくことにしましょう。

債務があるが資産はほしい [限定承認]

　この章の最初のほうで、限定承認は、相続で得られるプラスの財産の範囲でのみ相続債務と遺贈を弁済する手続だということを書きました（→88頁）。
　言葉で書くと単純で、かつ最も合理的な解決のように思え、法学部生レベルであれば、飛びつくのもやむを得ないように思われます。
　ところが、少し待ってください。
　限定承認には、制度上、いくつかのルール、制約があり、これがこの一見最も合理的と思われる手続を非常に使いづらくしてくれています。
　具体的な手続について見ていきましょう。

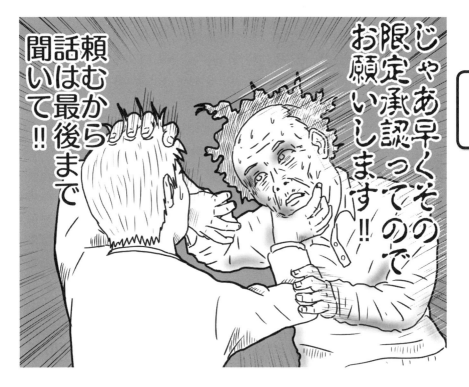

第2章 相続開始後の道［法定相続編］

🧑 主　体

　限定承認は「相続人」が行えるものとされています（民922）。これには、相続人と同一の権利義務を有するとされる包括受遺者（民990）も含まれます。

🧑 具体的手続とその煩雑さ

　相続放棄と同様、限定承認も相続人が自己のために相続の開始があったことを知った時から**3か月以内**に家庭裁判所に申述しなければなりません（民915Ⅰ、924）。
　これは、事情により期間伸長が認められることがありますが（民915

Ⅰ但書)、それでも期間的な制約は忙しい現代人にとって一定のプレッシャーにはなってしまいます。

そして、**手続がめんどくさくリスクも高い**。これが大きな問題です。

限定承認をしようと思ったら、相続人は上記の期間内に**相続財産の目録**を作って家庭裁判所に限定承認の申述を行わなければなりません(民924)。

百か日も過ぎない間に、亡くなった家族・親族の相続財産(プラスとマイナス両方)を調べて目録にし、裁判所に届け出る必要があるということです。

限定承認をする相続人自身には相続債権者の調査をする法的な義務はないので(東京地判平成13年2月16日・判時1753号78頁)、調査しても財産も負債もわからなかったときはその旨を付記して申述することもできるのですが、そもそも財産自体がまったく確認できないときは限定承認する意味があるのかやや疑問です。

もちろんそこで終わりではなく、**申述から5日以内(!)に相続人(共同相続の場合はその中から選任された相続財産管理人〔民936Ⅰ〕)が相続債権者や受遺者の公告や催告(民927)、弁済(民929)等を行わなければなりません。**

また、(善管注意義務より一段下がるとはいえ)限定承認者は自分の固有財産と同一の注意をもって遺産を管理する義務を負い(民926)、ややこしい弁済のルール(民929~931)に従わなければならないだけでなく、これに違反して不当な弁済をしてしまったときに備えて、ご丁寧にも損害賠償責任の定めが明文で用意されています(民934)。

家庭裁判所の緻密な監督がなされるわけではないので、この一連の手続は限定承認をする相続人が自らの責任と負担で行わなければなりません。これは、仮に弁護士が代理して行う場合であっても相応の覚悟が必要な手続で、これが「ああもうめんどくさいから放棄でいいや」と思わせる要因の一つになっています。

限定承認の使いにくさはまだまだあります。相続人が複数名いる場合は、それら**共同相続人全員が共同して行わなければならない**のです(民923)。

そのため、**形式的には**、共同相続人のうち1人でも相続を単純承認してしまったり、法定単純承認事由（民921）が生じたりすると、限定承認はできないことになります。ただでさえ、それまでの親族関係で積もり積もった鬱憤が噴出しがちな相続局面（っていう言い方するのかな？）で、共同相続人全員の足並みをそろえることがどれだけ難しいか、これはシビアな相続案件を数件経験すればわかります。

さて、ここでもあえて「形式的には」という、持って回った言い方をしました。

「限定承認は共同相続人全員でしなければなりませんよ」というのがルールですが、共同相続人のうち一部の者に単純承認や法定単純承認（民921）に該当する行為があったとしても他の人にはわからないことが多く、これは申述を受ける家庭裁判所であっても同じです。

このため、「共同相続人の一部の者に（法定）単純承認事由があるのに、限定承認の申述が『誤って』家裁で受理されてしまう」という事態が起こり得ます（というか、防ぐことができません）。

このため、民法上も、そのような「本来認められない限定承認の申述」が受理されてしまった場合を前提とした相続債権者保護の定めが置かれています（民937）。

結局のところ、この定めがあることで「共同相続人の一部の者だけで限定承認した」のに近い効果が生じるケースが発生することになるのですが、いずれにせよ限定承認のめんどくささは相当なものです。

「それでも母親の遺してくれた自宅が守れるんならいいじゃないか」という声が聞こえてきそうですが、ここも話はそう単純ではありません。

遺産の自宅を不動産業者に見積もらせたところ、少し「配慮」してもらって800万円だったとしましょう。ただ、その800万円を相続人の自己資金で弁済に回すからといって、簡単に自宅が得られるというわけではないのです。

限定承認の場合、相続財産の換価は競売手続（換価を目的とするいわゆる形式的競売です）によらなければならず（民932）、任意売却や代物弁済は認められていません（それに反して任売が行われた場合、それが有効か無効かはまた別の話です）。

手元の自己資金で自宅を「買い取る」形を安易に考えていた相続人に
とっては青天の霹靂です。そしてこの競売を止めようと思うと、家庭裁
判所選任の鑑定人が定めた評価額を弁償する必要があります。

　これは、限定承認の名の下に不当な廉売が行われると困るので（しか
もそのおそれは高い）、まあわからん話ではありませんが、やはり面倒です。
しかも蓋を開けてみるまで金額がわからないというもどかしさがありま
す。

　このように、限定承認は法律の専門的な知識や経験のない相続人本人
が行うにはあまりにも複雑でめんどくさく、かつ使いにくい手続になっ
てしまっています。かといって、代理人に手続を任せようとすると、こ
れまた相応の費用がかかってしまいます。

　さらにもう一つ、見過ごせないやっかいな問題が税金面です。

　単純承認の場合、相続財産については、取得費の引継ぎ（所得税法
60 I ①）によって、相続人が当該資産を引き続き所有していたものとみ
なされる結果、被相続人が保有している期間にすでに発生していたもの
と考えられる**譲渡所得については、相続の場面では課税されません**。
そして、相続財産を引き継いだ相続人が、相続（贈与）以外の方法で譲
渡した際に、被相続人の保有期間分も含めて譲渡所得課税がなされると
いう「課税の繰り延べ」が行われることになります（→65頁）。これは、
特に相続税負担を余儀なくされる相続人にとっては非常にありがたい取
扱いです。

　ところが、限定承認の場合はこのような取得費の引継ぎによる課税の
繰り延べが認められません。

> 所得税法 60 I ①で明示的に
> 限定承認の場合が除外されています。

　その結果、限定承認を行った相続人は、その相続財産について時価で
譲り受けたものとみなされ（「みなし譲渡」、所得税法 59 I ①）、そこで本
来被相続人に発生する譲渡所得について所得税の納税義務を承継するこ
ととなってしまいます。

　もともと相続債務のほうがプラスの財産よりも多いことが明らかな場
合は、**承継する被相続人の所得税もまとめてプラスの財産を超える**

部分がカットされるので（国税通則法5Ⅰ後段）、課税による金額的なデメリットはないはずです。ところが、逆のパターン（相続財産＞相続債務）で限定承認を選ぶと、単純承認を選んだ場合よりも相続の場面で支払うべき負担が大きくなってしまうということが考えられます。

考えれば考えるほど、限定承認という制度の使いどころがわかりにくくなってきます。限定承認をするかどうかの選択はかなり慎重に行う必要がありそうです。

利用されない財産分離［財産分離］

財産分離が使われる場面

相続債務超過の場合に、相続人の側がプラスの遺産の範囲に責任を限定する手続として限定承認という方法があると書きました。
　これとは逆に、相続財産はプラスの状態だけれども、それを引き継ぐ相続人が放蕩息子で債務まみれだということも世の中には当然あります。
　大抵そんな相続人は単純承認して相続財産を承継するわけですが、相続債権者からすれば困った事態です。債務者（被相続人）が亡くなったあとでも遺産が引き当てになると考えていたのですから、相続人にその遺産をどんどん食われていくのを黙って見ているわけにはいきません。
　同じことは受遺者にも当てはまります。せっかく故人が遺贈という形で残してくれた財産が、相続人に費消されるという事態は避けなければなりません。
　そういった場合に相続債権者や受遺者がとることができる方策、それが財産分離（民941Ⅰ）です。この財産分離は、誰が言い出したのか、「第一種財産分離」と呼ばれています。

第一種財産分離とは

　第一種財産分離（民941Ⅰ）は、相続債権者や受遺者の側が申し立てて、自分たちの請求権の引き当てとなる相続財産が相続人の固有財産と混合してしまうのを防ぐ制度です。資産超過の相続財産が債務超過の相続人によって承継されるという場面が典型ですが、相続財産、相続人両方が債務超過であっても、相続人のほうがより資産状況が悪いために、単純承認によって相続債権者の受けられる弁済が減ってしまうという場合にも使える制度です。
　相続債権者や受遺者が申し立てることができます。相続債権者は、担保の有無は問われませんし、条件・期限付債権の債権者でも問題ありません。
　ここでいう「受遺者」には特定受遺者、包括受遺者両方を含むのですが、相続人と同一の権利義務を有する**包括受遺者（民990）は、財産分離を申し立てる実益がない**ことも多いと思います。口座を凍結させ

たり、分割協議に応じなかったりというやり方で、特定の相続人の固有財産と遺産の混合を防ぐ手立てがあるのが通常だからですね。そういう正攻法があるのに、それをせずにわざわざ財産分離を申し立てるというのは普通ではありません。

　申立てができる期間は「**相続開始の時から3か月以内**」とされますが、これを経過しても**相続財産が相続人の固有財産と混合しない間であればなお申立ては可能**です（民941Ⅰ）。ここは「相続開始を知ったときから」ではなく「相続開始の時から」なので、被相続人の死亡時点が特定できる限り、相続人の認識を問わずこの「3か月」は形式的・画一的に定まってしまいます。

　これは財産分離の影響の大きさに鑑みて、すべての債権者について画一的に申立期限を定めようとしたものです。相続債権者は相続人以上に相続開始の事実を知りにくい立場にあるので、まあ当然の定め方なのかなと思いますが、この期間を過ぎても相続人固有財産との混合が生じていなければなお申立ては可能だというのですから、なんとなく一貫性がないように見えてしまいます。

　ちなみに、「**3か月**」以内であれば、**すでに相続財産と相続人固有財産の混合が生じてしまっていても財産分離の申立ては可能**です。

　さて、「財産分離」は何をするのかという点ですが、その実、行われるのは相続債権調査と相続財産の換価、配当手続です。

　申立人は、相続開始の地を管轄する家庭裁判所に申立てを行いますが（家事事件手続法202Ⅰ①）、家裁の審判が出た場合、そこから**5日以内**に他の相続債権者や受遺者に向けて配当加入の申出を行うよう官報公告を行います（民941Ⅱ、Ⅲ）。

　また、財産分離の審判後、家裁は相続財産の管理について必要な処分を命じることができ（民943Ⅰ）、この中には管理人の選任も含まれています（同Ⅱ）。原則として、財産分離の審判が出ると相続人は相続財産の処分はできなくなるものの、なお管理義務を負うわけですが、管理人が選任された場合にはこの管理義務を免れることとなります（民944Ⅰ）。

　この管理人が必要に応じて相続財産の換価を行い、財産分離の申立て

あるいは配当加入の申出をした債権者・受遺者に対する按分弁済を行うこととなるのですが、最終的にそれで足りなかった場合には、相続債権者等は相続人の固有財産から弁済を受けることができます。これは相続放棄（民915Ⅰ）の場合との大きな違いです。もっとも、わざわざ財産分離をして相続財産からの優先的な弁済を受けていることとの公平上、**この場合には相続人固有の債権者のほうが優先する**ことになります（民948）。

さて、最初のほうで「典型」「使える」とは書いたものの、この財産分離という制度、実は年間10件に満たない申立件数しかなく、あまり実務で活用されている制度とは言えません。そのため、**実践的すぎる実務書では取り上げられていないこともあるくらいの悲しい制度**です。私の書きぶりがどこか人ごとのように聞こえてしまうのも無理からぬところです。実際に事件として扱ったことはおろか、そのような話を聞いたことすらないのです。

利用数が少ないからいいようなものの、と書いてしまうとやや具合が悪いかもしれませんが、実際にこの財産分離の制度が用いられ、家裁によって管理人が選任されるケースでは、その職務執行はかなりハードなものになるはずです。

相続人が相続財産を当て込んで相続を承認したというのが想定されるパターンなので、そこへ管理人が入ってきて、相続財産の管理や清算をするというのがどれだけの困難を伴うか、相続財産でも不足するから固有の資産を吐き出せと言われたとき相続人がどういった表情を見せるのか、想像するのはそれほど難しいことではありません。

もう一つの財産分離（第二種財産分離）

財産分離は、ひとことで言えば相続財産と相続人の固有財産とを分離する制度です。

第一種財産分離は相続債権者（＝被相続人の債権者）の側から相続債権の引き当て財産を保全するために行うものですが、同じような状況は相

続人固有の債権者の場合にも生じ得るものです。

　たとえば、債権者が債務者の固有財産から十分に弁済を受けられるという状況にあったところ、債務者が債務超過の亡父の相続について単純承認しようとしているといったケースを考えてみましょう。

　債権者としては債務者（相続人）が相続放棄や限定承認してくれれば全体的に見てマイナスは生じないところですが、債務超過の相続を単純承認されてしまうと、大きくワリを食うことになってしまいます。また、相続財産、債務者（相続人）両方が債務超過でも、債務者の単純承認により、その債権者の弁済を受けられる額がより減ってしまうという場合も考えられるでしょう。

　そのような場合には、相続人固有の債権者の側から財産分離を申し立てることが可能で、それがいわゆる「第二種財産分離」（民950）といわれるものの正体です。

　第二種財産分離は、入り口の部分は異なるものの、財産分離の審判がなされた後、分離された相続財産が清算されるという点は第一種財産分離の場合と同じです（民943 〜 945、948等参照）。

　もっとも、この第二種財産分離は第一種財産分離よりさらに利用頻度が低く、しかもその制度としての必要性にも疑問符がつきかねない制度であるため、さすがに本書でも制度の存在を紹介するにとどめておきます。

相続人がいない！［相続人の不存在］

　相続が生じるには、被相続人と相続人、そして相続されるべき財産が必要です。

　資産も債務もまったくない状態で人が死ぬということはほとんどありませんが、相続人がいないために相続が起こらない（問題とならない）ということはけっこうよくあることです。

　逆に相続人がいるかどうかわからないけれども、相続財産の処分を行わないといけないという場面も起こり得ます。

そこで、民法は「相続人の不存在」というタイトルで一章（民951～959）を割き、相続人がいない場合やいるかどうかわからない場合の相続財産の処理の方法についてルールをおいています。
　相続開始、つまり誰かが死んだとき、その時点を基準として相続人の存否が不明な場合には「相続人のあることが明らかでないとき」（民951）にあたるとされます。このとき、相続財産は法人として扱われることとなり、相続財産管理人の出番になります。
　相続財産管理人がどういう仕事を行うか、簡単に言えば、㋐相続人や相続債権者・受遺者の有無を調査・確定し、㋑遺産や相続債務の内容を確認し、㋒相続財産の清算と残余財産の処理を行うということになります。

〜〜〜〜〜〜〜〜〜〜〜〜〜〜〜〜〜〜〜〜〜〜〜〜〜〜〜〜〜〜〜〜〜

「相続人の不存在」ってどういう場合？

　では、相続財産管理人が選任されるという「相続人の不存在」というのは、具体的にはどういう場合をいうのでしょうか。
　実際の条文の書きぶりは少し表現が異なり、「相続人のあることが明らかでないとき」とされています（民951）。
　ある人が亡くなり、配偶者も子供もおらず、父母や祖父母もすでに他界しており、兄弟姉妹はもとからいなかったという場合を考えてみましょう。
　この場合、戸籍を見る限りでは相続人となる者はいなさそうです。もしかしたら戸籍に載っていない子が、死後の認知（民787但書参照）で相続人として認められることになる可能性もありますが、そのような子の存在がすでに判明しているといった場合でもない限り、戸籍上の相続人がいなければ「相続人はいないだろう」と考えるのが自然です。
　また、戸籍上相続人となるべき者はいたけれども、全員相続放棄したために結局相続人がいなくなったという場合もあります。
　これらはいずれも「相続人のあることが明らかでないとき」にあたり、いわゆる「相続人の不存在」として扱われます。

では、包括受遺者がいる場合はどうでしょうか。たとえば、天涯孤独の被相続人が、知人を包括受遺者とし、遺産の全部を遺贈するという遺言を遺していた場合です（全部包括遺贈の場合）。

何度も見てきたように包括受遺者は「相続人としての権利義務」を有するとされるため（民990）、ここでも相続人同様に扱われ、こういったケースでは「相続人の不存在」にはあたりません。ただし、包括受遺者が相続放棄と同じ手続で遺贈の放棄（民915 I）をしてしまった場合は、元に戻って「相続人の不存在」になってしまいます。

若干ややこしいパターンが、遺産の一部についてのみ包括遺贈が行われ、残部については相続人も受遺者もいないというケースです。この場合の「残部」の処理については、一部包括受遺者が取得できるとする考え方、その残部は「相続人不存在」として扱わざるを得ないという考え方が対立しているということだけ知っておけばとりあえず足りるでしょう。

さて、包括受遺者がいる場合は「相続人の不存在」にはあたらないとされたわけですが、特定受遺者にはそのような特別扱いはありません。

たとえば、相続人のいないAがBに特定遺贈をして亡くなったというケースを考えましょう。このとき、遺贈の内容を実行してもらいたいBは、どういう方法をとることになるのでしょうか。

相続人も包括受遺者もいなければ「相続人の不存在」（民951）ですから、Bは利害関係人として相続財産管理人の選任を請求することができそうです（民952 I）。

もっとも、遺贈があるのに遺言執行者がいないという状況でもあるので、「遺言執行者がないとき」（民1010）として、遺言執行者の選任を請求して遺贈を実現してもらうことも考えられそうです。

どちらのほうがより適しているのでしょうか。

遺言執行者が特定遺贈について選任される場合、その権限は当該特定遺贈の範囲に限定されることになり、相続財産管理人の場合に比べて業務の範囲・量も少なくなるのが普通です。予納金の要否や金額（相続財産管理人の場合は、事案によりますが、通常70～100万円程度の予納を求められることが多いようです）も考慮すると、遺言執行者選任の請求のほう

第2章 相続開始後の道［法定相続編］

が受遺者にとってフットワークも軽く、使い勝手がよいことが多いのではないでしょうか。

さて、以上が「相続人の不存在」の問題ですが、「不存在」とは言いながら、そこには「相続開始の時点で相続人がいるかどうかがわからない」というグレーなケースまでも含まれることになります。

実際、相続開始後時間が経ってから相続人が現れるパターンも民法上想定されているので（民955等）、はたして日本語的に「不存在」と言い切ってしまっていいか、どうにもすっきりしないところがあります。

「相続人が不存在」と言いながら、相続財産管理人の業務の上では「被相続人亡○○」という呼び名がついて回るところも気になります。

いっそのこと、「相続人の不存在」ではなく「相続人の不見当」と言ったほうがまだしっくりくるような気がするのです。

誰がどんなときに申し立てることになる？

相続財産管理人選任の申立ては、誰がどのような場合にするのでしょうか。

条文上は、「利害関係人又は検察官の請求によって」管理人が選任されることになっています（民952 I）。

このうち「利害関係人」が誰かという点が重要です（検察官のほうは無視してもそれほど差し支えありません）。

平たく言うと、**相続財産の管理や清算がなされることについて、法律上利害関係を有するといえる者は、広くこの「利害関係人」にあたる**ものと考えられています。

たとえば受遺者（特定受遺者）、相続債権者、相続財産について担保権の設定を受けた者、特別縁故者（民958の3）などです。

実務的によく見られるのは、担保権の実行や任意売却をしたい抵当権者による申立て、被相続人所有の区分所有権の共益費滞納を清算するためにマンションの管理組合等が行う申立て、滞納公租公課の回収や相続財産である不動産の処分を目的とした自治体による申立てなどのほか、

相続債権等清算後の残財産の分与を希望する特別縁故者が申立てを行うといったケースでしょうか。

実は相続債務者も法律上の利害関係人たり得るとされるのですが、多額の予納金を支弁してまで自分が負う債務の管理と清算をしてもらいたいという場面は多くはなく、あまり聞きません。というのも、先に見たように相続財産管理人選任申立てでは、（申立先の庁や想定される管理人の事務の内容にもよりますが）普通70〜100万円程度の予納金の支弁が必要とされるからです。換価の必要のない財産が十分あったり、必要と見込まれる業務が限定されていたりという事案ではもっと低い予納金額になることもありますが、例外的なケースです。

相続財産が法人として扱われる（民951）ことの意味

相続人不存在のケースでは、被相続人死亡の時に相続財産法人が成立する（法人と擬制される）とされています（民951）。これはどういった意味があるのでしょうか。

このときの相続財産法人の成立は、相続人不存在であることから当然に生じるものとされており、特別の手続などは必要ありません。

とはいっても、この相続財産「法人」はそのままでは機関も代表者もおらず、具体的な財産の処分行為もできません。

そこで、相続財産管理人がそのような相続財産法人の代表者として取り扱われることになります。

相続財産を対象とする訴訟においても当事者になるのは相続財産法人（「被相続人○○相続財産」）であって、相続財産管理人が自己の名で訴訟の当事者となるわけではありません。相続財産に対して訴え提起をする際、被告を管理人個人としていた場合には、係属部の書記官さんから若干ウンザリした顔で訴状の補正を指示されるので注意しましょう。

実際のところ、「相続人の不存在の場合、相続財産法人が擬制される」とはいっても、そのような相続財産が法人であると意識されるのは、家庭裁判所によって相続財産管理人が選任されたとき、ということが多い

と思います。

　相続財産管理人が選任された後に、相続人（包括受遺者も含むものと考えられます）がいることが判明する場合があります。たとえば、ひょんなことから本人の自筆証書遺言が見つかり、それによって戸籍外の子の認知がされたり、包括遺贈していたことが判明したりといったケースでしょうか。

　このときは、相続財産法人は相続開始の時に成立しなかったものとみなされるのですが、このときでもすでに管理人が権限内で行った行為の効果は否定されません（民955）。

　ただ、相続人等があることが判明した場合といっても、そこからその相続人が相続放棄（民915Ⅰ）をするということはあり得る話です。なので、この「遡及的な相続財産法人の消滅」は、**相続人等がいることが判明し、かつその者が相続を承認（あるいは包括遺贈を承認）した場合**、ということになると考えられています。

　この「承認」は単純承認（民920）、法定単純承認（民921）、限定承認（民922）のすべてを含みます。

 ## 相続財産管理人の仕事

　相続財産管理人は、単純に言って㋐相続人や相続債権者・受遺者の有無を調査・確定し、㋑遺産や相続債務の内容を確認し、㋒相続財産の清算と残余財産の処理を行う仕事、であると言いました。また、その途中で、相続人が現れて相続を承認した場合などには仕事が終わる（民955）ということも書きました。

　相続財産管理人の仕事は条文上種々の期間的な区切りがあり、慣れないと手続の先後を混乱しがちです。少し精緻に見ていくこととしましょう。

① 相続財産管理人選任の公告（民952Ⅱ）（1回目の公告）

　相続財産管理事件では、まず相続人が本当にいないのかの調査が行われます。

相続人（包括受遺者も含む）が現れた場合、相続財産法人は消滅し、その者に相続財産の管理を引き継ぐことになるので、まずこれを最優先する必要があるからです。

具体的には、**家庭裁判所**によって**相続財産管理人選任の公告**が行われます（民952Ⅱ）。これは官報で行うことになりますが、**相続人捜索の第1回目の公告**の意味を持ちます。

弁護士等専門家が管理人に就く場合には、この時までに家庭裁判所からの打診と内諾が行われているので、管理人候補者としては家庭裁判所が官報公告の手続をするのを待ち、その官報掲載日を担当の書記官さんから教えてもらうという流れになります。

このときには、相続財産管理人選任を申し立てた者の氏名（名称）・住所、被相続人の氏名・職業・最後の住所、出生と死亡の場所と年月日、相続財産管理人の氏名（名称）・住所などが官報に掲載されます（家事事件手続規則109Ⅰ①〜④）。

> 平成 30 年（家）第×××××号
> 東京都千代田区内神田×丁目×番××号
> 申立人　××××××株式会社
> 本籍大分県大分市青崎×丁目××番、最後の
> 住所大分市上田町×丁目×番××、死亡の場
> 所大分県大分市、死亡年月日平成 29 年 9 月
> 10 日、出生の場所愛知県名古屋市中川区、
> 出生年月日昭和 28 年 4 月 24 日、職業不明
> 被相続人　亡　××　××
> 事務所大分市中島西×一××○○○ビル 2
> 階××法律事務所
> 相続財産管理人　弁護士　××　　×
> 　　　　　　　　　　　　　大分家庭裁判所

　これが最初に家庭裁判所により行われる相続財産管理人選任の官報公告です。

　事件番号、申立人の住所氏名（名称）、被相続人の本籍・最後の住所・出生と死亡の場所、氏名、職業、生年月日、選任された管理人の事務所と氏名、申立てを受けた家庭裁判所の名称が横書きで淡々と記載されています。

　この相続財産管理人**選任の官報公告から 2 か月以内に相続人がいることが判明しなかった場合**には、次の段階、つまり相続債権者や受遺者を探す段階に進みます。

　とはいっても、**この最初の 2 か月の段階で相続人がいないことが確定されるわけではないので**、相続人はこの期間経過後もまだ名乗り出ることで相続人としての権利を主張することはできます。

② 相続債権者・受遺者への請求申出催告の公告（民 957 Ⅰ）
（2 回目の公告）

管理人選任の官報公告（民 952 Ⅱ）から 2 か月以内に相続人と称する者が名乗り出てこなかったなど、相続人がいることが判明しなかった場合、相続財産管理人の仕事は、相続財産に対して権利を有する者がいないかを調査する手続に移ります。

　今度は相続財産管理人がすべての相続債権者、受遺者に対して一定の期間内に請求の申出を行うよう公告する手続である**相続債権者・受遺者への請求申出催告の公告**を行うのです（民 957 Ⅰ）。これも官報で行うことになります。

　この相続債権者・受遺者に対する請求申出を許す期間は **2 か月以上で**なければならず（民 957 Ⅰ）、実務的には「本公告掲載の翌日から二箇月以内に請求の申し出をして下さい」と記載するのが通例です。

相続債権者受遺者への請求申出の催告

本籍大阪府大阪市鶴見区××番地×、最後の
住所大阪府大阪市西淀川区××番地×××

被相続人　亡　××　××　××　××

右被相続人の相続権者のあることが不明なので、一切の相続債権者及び受遺者は、本公告掲載の翌日から二箇月以内に請求の申出をして下さい。右期間内にお申し出がないときは弁済から除斥します。

平成三十年八月三十日

大阪府大阪市中央区××番××号

相続財産管理人　弁護士　××
××
××

これは、①の官報公告から2か月以内に相続人が名乗り出なかった場合などに管理人自らが相続債権者、受遺者に宛てて行う2番目の官報公告です。なぜか、3つの官報公告のうち、これだけ縦書きで若干の読みにくさがあります。

被相続人の本籍と最後の住所、氏名、その公告の翌日から2か月以内に請求の申出を行うべきこと、これがないと弁済から除斥されること、そして管理人の事務所、氏名が記載されます。

これは、条文の記載や公告の内容上も相続債権者や受遺者といった、相続財産に対して権利を主張すべき者に宛てられた手続ではありますが、**相続財産管理事件係属の事実を相続人に報せる2回目の公告**という意味もあります。その証拠に、続く958条の表現にも、この相続債権者・受遺者への請求申出催告期間（最低2か月間）にも相続人が現れ得ることが記載されています（民958）。

管理人は、このように一般に向けた公告という方法で相続債権者・受遺者へ権利を主張してくれるよう促すことになりますが、それとは別に、すでにわかっている債権者（たとえば申立てをした相続債権者であるとか、選任後の財産調査の中で判明した債権者など）に対しては**個別に申出を催告する必要があります。**

この請求申出催告期間が経過するまでは、相続財産管理人はすでに知れている債権者に対しても弁済を拒絶することができます（民957Ⅱ、928）。

また、破産手続における配当のための債権届出と異なり、相続財産管理事件では、請求申出催告に対する債権者・受遺者の申出は必須ではなく、管理人に知れていれば、弁済を受けられることとなります。

ところが、この催告期間内に申出をせず、また管理人に知れてもいない相続債権者や受遺者は管理業務の**清算から除斥されてしまい**、相続財

産からの弁済を受けることはできなくなります（民 957 Ⅱ、927 Ⅱ）

相続債権者・受遺者への弁済後、なお財産に残余がある場合には、
そこから弁済を受けることはできるとされているのですが、
そのようなケースは多くはありません。

　　また、この 2 回目の公告の期間までに判明した相続債権者・受遺者に
対して、管理人はいよいよ弁済の手続に入っていきます。このときの弁
済のルールや責任は限定承認の場合の規定（民 927 Ⅱ～Ⅳ、928 ～ 935〔た
だし 932 但書は除く〕）が準用されます（民 957 Ⅱ）。たとえば、優先権の
ある債権者、一般債権者に弁済し（民 929）、それら相続債権者に対する
弁済が終わってからでなければ受遺者に対して弁済できないこと（民
931）、弁済のために相続財産の売却をする必要があるときは原則として
競売に付さねばならないこと（民 932）等です。ただし、実務的には財産
の換価につき**権限外行為の許可**（民 953、28）を得て任意売却するとい
う方法が活用されています。
　　ここでは、まだ相続人の有無が法的に確定していない段階で、管理人
によって相続債権者等への弁済が開始されるというところがひとつのポ
イントです。

③ 相続人捜索の公告（民 958）（3 回目の公告）

　　請求申出の催告期間（最低 2 か月間）の間、相続債権者や受遺者等から
相続財産に対する権利主張がなされることになりますが、その期間が
終わるまで待ったのになお相続人が現れないということが考えられま
す。そもそも毎日官報をつぶさに確認しているという人は全国民の 1
パーセントもいないでしょうから、それを見て相続人として申し出て
くるなんていうこと自体がきわめてきわめてレアなケースなのです。
　　ともあれ、ここに至っても相続人の存在が明らかにならないときには、
管理人は粛々と相続人捜索の公告（民 958）を行います。

> **相続権主張の催告**
>
> 　次の被相続人の相続財産に対し相続権を主張する者は、催告期間満了の日までに当裁判所に申し出てください。
>
> **平成 30 年（家）第××××号**
>
> 　徳島県徳島市中徳島町××番地××法律事務所　申立人　×　　××
>
> 　本籍徳島県徳島市伊賀町×丁目××番地、最後の住所徳島県徳島市伊賀町×丁目××番地の 1、死亡の場所徳島県徳島市、死亡年月日平成 29 年 4 月 12 日、出生の場所徳島県徳島市、出生年月日昭和 21 年 4 月 21 日、職業無職
>
> 　被相続人　亡　×××××
>
> 　催告期間満了日　平成 31 年 4 月 15 日
>
> 　　　　　　　　　　　　徳島家庭裁判所

　3 度目の公告です。また横書きに戻ります。

　②の公告の期間満了まで待っても相続人が現れない場合に、6 か月以上の期間を定めて行います。記載される内容は①の管理人選任の場合と同様ですが、「相続権を主張する者は、催告期間満了の日までに当裁判所に申し出てください」との文言が冒頭に付されています。

　民法の条文上は「相続人の捜索の公告」となっているのですが（民958）、官報の記載上は「相続権主張の催告」という標題になります。

　このときの公告では、管理人選任の公告で記載した事項のうち申立人、被相続人に関する事項（家事事件手続規則 109 Ⅰ①～③）のほか、相続人が一定の期間までに権利の申出をすべきことも記載しなければなりません（同Ⅱ①・②）。

　この一定の期間は「六箇月を下回ることができない」（民 958）とされており、通常、官報公告からおおよそ 6 か月後の日を催告期間満了日として公告がなされることになります。「6 か月以上」とあるからといって、1 年や 2 年といった催告期間が設けられるわけではないのです。

　6 か月、まったく気の長い話です。短い訴訟なら訴訟提起から確定までに十分な期間です。相続人をなんとしてもあぶり出したいという制度の怨念みたいなものを感じます。

　それもそのはずで、この 6 か月という期間には重要な意味があり、この期間満了までに名乗り出なかった（管理人に知られなかった）相続人、相続債権者、受遺者は皆その権利を確定的に失うことになります（民 958 の 2。なお、相続債権者等はこの相続人捜索の公告期間中に現れても、すでに請求申出催告期間満了までに権利主張をした他の債権者・受遺者に大きく後れているというのは前記のとおりです）。

　ですから、相続人捜索の公告期間満了後に相続人が現れて相続を承認

する意思を示し、またその人が確かに被相続人の相続権を有していたことがわかったとしても、もはやその人が遺産を承継することはできなくなります。これを「相続人不存在の確定」といいます。本来の相続人であるにもかかわらず、特別縁故者（民958の3）にすら後れるという残念な結果になります。

　つまり、この最低6か月間という長期にわたる「相続人捜索の公告」期間（民958）は、相続財産管理事件において関係者の権利確定のうえで、**タイムエンドとして非常に大きな意味を持つ**ことになります。

　ただし、相続債権者・受遺者に対する請求申出催告の結果、**相続財産自体が債務超過（プラスの資産＜相続債務）となることが明らかな場合には、この相続人捜索の公告（民958）の手続に進まないのが普通**です。結局、それ以後に相続人が出てきても引き継ぐものがないわけですが、そのような場面で相続人の有無を確定させる実益が乏しいからかもしれません。

　とはいっても、管理人が捜索公告を行って積極的に相続人を探しに行くことはなくなる、というだけであって、それまでの2度にわたる公告や風の便りに触れた相続人がそれ以後も現れることはあり得る話です（聞いたことはありませんが）。

　結局、相続人が出てきたけれども、すでに管理人によって弁済が行われた後で、引き継げるのは残りの相続債務だけという場合も考えられるわけですね。相続放棄すればいいのでしょうが、すでに熟慮期間（民915 I）が経過してしまっていたら悲惨です。

　ここまで来て名乗り出てくる相続人というのは、戸籍上被相続人の相続人に名を連ねていないか、あるいは生きているのに死んでいることにされてしまっていたといった境遇の人になりますが、名乗り出るほうもそれなりの覚悟が必要です。そのような境遇におかれている「相続人」にとっては、相続人捜索の公告が出ているか否かは、名乗り出るべきかどうかの一つの判断要素になるかもしれませんね。

④ 特別縁故者に対する財産分与（民958の3）

　相続財産の換価と相続債権者・受遺者への弁済が終ったところ相続財

産に残余があり、かつ相続人が結局現れなかったという場合、特別縁故者に対する財産分与（民958の3）が問題となり得ます。

民法上「財産分与」というと、離婚に基づく場合（民768Ⅰ）が有名ですが、特別縁故者が請求によって相続財産の残余を与えてもらう場合（民958の3）も「財産分与」といいます。

そもそも、この財産分与を受けることを目的に、特別縁故者によって相続財産管理人選任申立てが行われることも多いということはすでに書きました。

この財産分与の申立ては、相続人捜索の公告期間（6か月。民958）の満了から3か月以内に行わなければならず（民958の3Ⅱ）、これを過ぎた後の申立ては不適法として却下されてしまいます（ただし、現に相続人と称する者の相続権の有無が裁判で争われているなど、期間満了時点で相続人不存在が確定していない場合には、確定した時から3か月と考えられています）。ところが、被相続人と近しい者とはいえ、いちいち官報を調べて、公告期間満了日を把握し、そこから3か月以内に申立てをするよう気を配らなければならないというのは、申立てを考えている者からすると居心地の悪いものです。特別縁故者として財産を与えてもらうんだからそれくらいしてもいいんじゃないかとも思えますが、とにかく居心地の悪いものです。

このため、相続財産管理人としては、特別縁故者として財産分与を申し立てる意思を有している者に対しては、相続人捜索の公告期間が満了する日を伝え、その申立てが期間を徒過しないよう配慮してあげるほうがよいでしょう。

なお、家庭裁判所からは非常に嫌がられるおそれが高いですが、**相続人捜索の公告期間満了前の申立て**も「相続人不存在を条件とする分与申立て」と見る余地があり、**結果として適法な申立てとして扱われることとされている**ようではあります。

さて、この特別縁故者に対する残余の相続財産の分与の制度、相続財産管理人としては特に利害関係はなさそうですが、家庭裁判所は、分与の相当性の判断に際し、管理人の意見を聞かなければならないこととされています（家事事件手続法205）。そこで、管理人としては、それまでの

管理業務を経て得た生前の被相続人の生活状況、当該縁故者（と称する者）との関わりの程度などの情報をもとに、「特別の縁故」があったか否かについて、書面の形で意見を述べなければなりません。

　ちなみに、この財産分与により財産を取得した特別縁故者は被相続人から遺贈を受けた場合と同様に相続税が課されます。このときの課税財産の価額は「その与えられた時」、すなわち財産分与時の価額です（相続税法4）。

　また、特別縁故者に対する財産分与については、所得税法上、遺贈とみなす規定がなく、取得費の引継ぎ（所得税法60Ⅰ）が認められません。

　仮に特別縁故者が分与により土地を取得したのであれば、将来その土地を譲渡した場合には、分与時の時価で取得したものとして譲渡所得を計算することになります。

⑤ 相続財産管理人の職務が終わるとき

おさらいになりますが、相続財産管理人の職務が終わるのは、大きく分けて以下の2つのパターンです。

　まず、相続人等が出現して相続を承認したとき（民956Ⅰ）。このときは、管理人は相続人等に対して、管理の計算（管理期間中に生じた一切の収支の計算と報告を行う行為）をしなければなりません（同Ⅱ）。

　もう一つは、相続人等が現れなかったけれども、管理する財産がなくなったときです。

　相続財産が債務超過で、債権者等に対する弁済（民957Ⅱ、929）で終わってしまう場合もあれば、特別縁故者に対する財産分与（民958の3）や国庫帰属（民959）で国に残余の財産を引き継いで終わる場合もあるでしょう。お疲れ様でした。

第2章

相続開始後の道 ［法定相続編］

第3章
相続開始後の道
［遺言相続編］

① 遺言執行者との良好な付き合い方

[つかず離れず争わず]

　遺言の内容によっては、遺言執行者による執行が必要となるということを第1章で書きました。実際に遺言執行者が選任されている事案（あるいは選任されるべき事案）で、相続人の思惑と遺言執行者の責任とが対立する場面もあり、その立場を理解していないとどのように関わっていくべきなのか迷うこともあるでしょう。
　そこで、以下では、遺言執行者の立場や職務の内容と併せて、遺言執行者との上手な付き合い方を見ていきましょう。

遺言執行者が出てくる場合

　そもそもどのような場合に遺言執行者が必要かをもう一度簡単におさらいしておきます。
　当たり前の話ですが、遺言執行者が出てくるということは、そこに**執行が必要な遺言内容**が存在しているわけです。

遺言執行者がいなければならないとき

　遺言の内容のうち、執行行為が必要なものはいくつかありますが、そ

の中でも認知（民781Ⅱ）、推定相続人の廃除およびその取消し（民893、894Ⅱ）は、遺言執行者だけが執行できるものとされています。ですから、これらの場合には**遺言執行者がいなければならない**ということになりますね。

たとえば、ある者を被相続人の子として認知することが遺言の内容となっている場合でも、それだけで自動的に認知の効果が生じるわけではなく、**認知届の提出（戸籍法64、60、61）等の手続が必要**となります。また、ある相続人を廃除すると書かれていても、それだけで相続関係から排斥されるわけではなく、**家庭裁判所による廃除の審判（家事事件手続法188Ⅰ）や戸籍法に基づく届出が必要**になります。これらの場合には必ず遺言執行者が必要だということです。

こういったデリケートなことは、他人任せにせず遺言を残した本人がしておいてくれたらよかったわけですが、わざわざ自分が死ぬタイミングまで遅らせていたというのは、自分ではできない理由があったということなのでしょう。本人がもういないので、誰がするかというと遺言執行者が、となるわけです。

どちらかというといたほうがいいとき

一方、執行行為は必要だけれども、必ずしも遺言執行者によらなくてもよいというものがあり、これには遺贈（民964）、遺産分割方法の指定（民908）などがあります。

実務的にはそれほど多くはありませんが、財団法人設立（一般社団及び一般財団法人法に関する法律152Ⅱ）のための寄附行為や信託の設定（信託法3②）なんかもこれにあたります。

これらはいずれも、相続人によっても遺言内容の実現は可能なのですが、それが期待しがたい場合もあり、そういったケースでは**遺言執行者に遺言執行をしてもらう実益がある**、ということになります。

寄附行為や信託の設定は、自分たちでやってみようという気骨のある相続人も少ないでしょうから、遺言執行の際には専門家が選任されたり、

あるいはもともと指定されていたりというケースが多くなると思います。

別の意味でいなければならないとき

　遺贈では遺言の効力発生とともに遺贈対象財産に係る権利が受遺者に移転するので、その限りでは遺言執行という観念を容れる余地がないようにも思われますが、移転手続の場面で遺言執行者が必要になるというケースがあります。

　たとえば、不動産が遺贈（特定遺贈ないし包括遺贈）された場合、単独での登記申請（不動産登記法63Ⅱ）の例外は適用されないため、受遺者が不動産の移転登記を受けるには相続人（全員）との共同申請（同60）の方法によらなければなりません（→198頁）。

　相続人全員の承諾と登記申請書類の準備となると考えただけで面倒ですが、逆に相続人がいないという場合にも少し面倒な問題が生じてしまいます。

　そもそも法定相続人となるべき者がいないというケースでは、本来登記義務者となるべき者がいないわけですから、この場合に遺贈対象の不動産の移転登記を受けようとすると、登記義務者をどこかから調達してこなければなりません。

　そこで、遺言執行者に就任してもらい、同人を登記義務者とする共同申請という方法をとる必要があるのです。

いったい誰が遺言執行者になるの？

　遺言執行者は被相続人が遺言で定めておくことができます（民1006Ⅰ）。
　これは必須ではありませんが、先ほども見たように認知や廃除を内容とする定めをおく場合には、遺言執行者でないと処理ができなくなってしまうわけです。そのような遺言を公正証書で作るときには、公証人から遺言執行者指定の条項を加えるよう勧められるでしょう。プルタブのない缶詰を渡しながら「缶切りは自分で用意しろ」というのはいささか不親切というものです。
　認知、廃除のようにそもそも遺言執行者が必要な場合や、遺贈のように必要ではないけれどもいたほうがよいだろうというケースでは、相続

開始後、相続関係者によって選任の手続を行わなければならない手間を省くため、あらかじめ遺言を作る段階で遺言執行者を定めておくことが適切です。

　指定する人数は一人でも数人でもよいとされていますが（民1006Ⅰ）、複数名を選任するのであれば奇数人のほうがよいというのはすでに書いたとおりです（→18頁）。

　遺言執行者は**相続人の代理人**ですから（民1015）、遺言執行者がいる場合、相続人は処分権を喪失することになります（民1013）。こう考えると、相続人自身は遺言執行者にはなれないんじゃないかとも思えてきます。ところが、実務では職務執行の公正が期待できないような遺言内容の場合（たとえば廃除〔民893〕）を除き、相続人も遺言執行者として指定、選任されることが普通に行われています。

　「人は自分の代理人になれるのか」という、代理の本質に迫る疑問がわきますが、それはものすごく時間があるときに各自で考えてください。

　「相続人の代理人」（民1015）というのは、遺言執行者の行為の効果が相続人に帰属することを理論的に説明するための考え方にすぎず、この点のとらえ方の違いが、実際の遺言執行の業務に直接影響するという場面はまずありません（なお、改正法→270頁）。

　就任承諾の時点で未成年者や破産者である者は遺言執行者になることができないのですが（民1009）、絶対に自然人でなければならないというわけではなく、信託会社を遺言執行者に指定することもできるくらいです（民1009、信託業法4Ⅰ⑤参照）。近時では遺言相談から公正証書遺言作成と遺言書の保管、相続開始後の遺言執行業務完了まで一連の手続を行うサービスを提供する信託銀行や信託会社も多くあり、ある程度の規模の相続案件では一定の需要があります。

　遺言信託の場合を除き利用されるケースはさほど多くはありませんが、この遺言執行者の指定自体を遺言で第三者（法人を含む）に委託することもできます（民1006Ⅰ）。

人はどうやって遺言執行者になるの？

　遺言執行者は指定あるいは選任のいずれかの方法で就任することになります。
　このため就任の手続は、遺言で遺言執行者が指定されている場合（民1006 I）とそうでない場合とで大きく分かれます。

幸いにも遺言執行者の指定があるとき

　まず、遺言書で遺言執行者の指定がなされているとき、あるいは、遺言執行者指定の委託を受けた者が遺言執行者の指定を行ったときを考えてみましょう。
　誰を遺言執行者にしたらいいのか、誰が申し立てなければならないのか、手続はどうすればいいのか、専門家にいちいち手続を依頼しないといけないのかなど、いろいろと思い悩む必要はないという意味で、相続人や受遺者にとって幸運なスタートと言えます。
　ただ、この場合でも、指定を受けた者は遺言執行者の就任を強制されるわけではなく、これを断ることもできます（民1008参照）。せっかくのご指名なのにとも思えますが、話はそう単純ではありません。
　遺言執行者は、就任承諾後、**直ちにその任務を開始しなければならず**（民1007）、その内容も相続関係者との折衝や財産調査・財産目録作成（民1011）等、相応の責任と負担を伴うものです。
　「直ちに」は一定の幅がある言葉ですが、平均的な日本語の理解に照らせば、半年〜１年処理を寝かせることは「直ちに」の意味から外れます。「自分は遺言執行以外に特にやるべきことがない」という特殊な人生を送っている人でない限り、この「直ちに」はけっこうな負担になります。
　特に、遺贈の執行の場合、遺産の引渡し（明渡し）を拒む関係者に対して訴訟提起を余儀なくされることもあります。そういった重い責任を負うことから、被相続人の一方的な指定だけで就任を強制されるような

ことはないというわけですね。これは、ともすれば理不尽なことが多いと感じる法律の世界においては珍しいことです。

　また、遺言執行者の報酬は、遺言者による遺言での定めによることとなりますが、遺言で定められた報酬の額が見込まれる執行業務に見合うものか否かという点も、当然、就任を承諾するか否かの考慮要素となります。ちなみに、遺言に報酬の定めがない場合には**遺言執行者が家庭裁判所に報酬付与の申立てを行って決定してもらう**ことになります（民1018Ⅰ）。

　遺言執行者というのは、対立する相手方がいてその者と徹底的に戦えばよいといった単純な仕事ではありません。時には相続人や受遺者と異なる立場に立ちながら、その理解や協力を求めて上手く事件を軟着陸させる、難しい立ち回りを求められることも多いものです。

　ただ、指定を受けた者がいつまで経っても就任の諾否を明らかにしない状態が続くと遺言の内容が実現できませんから、相続人、相続債権者、受遺者等の**利害関係人は、遺言執行者として指定を受けた者に対し、相当の期間を定めて就職（就任）するのかしないのかを確答するよう催告することができます**（民1008前段）。

　この場合、相続人や受遺者、認知の対象となった子やその親権者である母などが就任の催告を行うことになるでしょう。

　これに対する就任諾否の回答は口頭でも書面でもよいとされているのですが、指定を受けた者がこの期間内に回答しない場合、**就職（就任）を承諾したものとみなされてしまいます**（民1008後段）。黙っていると勝手にオッケーしたことにされてしまうというわけですから、ここは社会一般の受け止め方と少し違っているかもしれません。

　一方、遺言執行者指定の委託（民1006Ⅰ）を受けた者はどうでしょうか。

　この委託を受けた者は遅滞なく遺言執行者の指定を行い、その旨を相続人に通知しなければなりません（同Ⅱ）。もっとも、この委託を受けた者も指定を強制されるわけではないので、相続開始（ないしそれを知った時）から遅滞なく相続人に通知することで指定を行うこと自体を拒絶することができます（同Ⅲ）。遺言執行者の指定と異なり、この「指定の委託」の場合には、委託を受けた者に対する「指定の催告」のような

制度は用意されていません。また、委託を受けた者がいつまでも誰かを指定しないままでいると、その隣に住む人が指定を受けたものとみなされるといったルールもありません。「早く指定してよ」と事実上催促することはできても「そのうちそのうち」と返されつづけると問題の根本的な解決にはなりません。

　この場合の打開策ですが、委託を受けた者が指定をしない状態が続いている場合には、「遺言執行者がないとき」にあたり、利害関係人は家庭裁判所に遺言執行者の選任を申し立てることができます（民1010）。

　実際には、指定を受けた者に事実上の催告をし、それでも腰が重いというときには家庭裁判所に選任の請求をするという流れでしょうか。

残念なことに指定がないとき、いなくなったとき

遺言中にそもそも遺言執行者の指定がないとき、指定はあるけれども
その指定された者が就任を拒絶したとき、指定の委託を受けた者がいつ
まで経っても遺言執行者の指定を行わないとき、そしていったん遺言執
行者が就任したもののあとからいなくなったときの話です。

　このとき、相続人、相続債権者、受遺者等の利害関係人は、家庭裁判
所に遺言執行者の選任を申し立てることができます（民1010）。申立人
にて遺言執行者の候補者を申立書に記載することも多いのですが、家庭
裁判所は事件の難易や必要と見込まれる業務内容、候補者と相続人との
身分関係・利害関係等を考慮して選定しますので、必ず候補者が遺言執
行者に選任されるというわけではありません。

　家庭裁判所は、諸般の事情を考慮し、適切と考える者を遺言執行者に
選任する旨審判し、その者に告知します（家事事件手続法74Ⅰ）。

　なお、審判によって選任された者も当然に職務を行う義務を負うとい
うわけではなく、就任の諾否の自由を持っていると解されています。通
常、家庭裁判所は、候補者の意見を聴き（家事事件手続法210Ⅱ）、その
内諾を得、また適否を考慮したうえで選任審判をするわけですが、選任
後、事情をよく確認してみたら選任された者の手に負えなかったり相当
でなかったりといったケースもあり得ます。そういった場合には、家裁
の選任後でも、就任の拒否が問題となります。

遺言執行者の権利と義務

　遺言執行者は、遺言の内容実現に必要な一切の事務を執り行う者であ
り、相続財産の管理その他遺言の執行に必要な一切の行為をする権利義
務を有します（民1012Ⅰ）。「権利義務」とあるように、これは権限で
あると同時に、職務上の義務でもありますから、遺言執行者は求められ
る遺言の執行行為を誠実に行わなければなりません。

　就任承諾後（あるいは家庭裁判所による選任後）、遺言執行者は**直ちに**そ
の任務を行わなければならず（民1007）、早急に遺言の内容と相続財産、

相続債務の詳細を調査・把握し、**遅滞なく、相続財産目録を作成して相続人に交付**しなければなりません（民1011Ⅰ）。この「相続人」は法定相続人です。「およそ相続人となる可能性のあるすべての者」といった広範な概念ではありませんし、関わりのある親族すべてに送らないといけないというものでもありません。

血族相続人は第1順位（子）、第2順位（直系尊属）、第3順位（兄弟姉妹）といいますが、先順位の相続人がいる限り、後順位の相続人に対しては財産目録の交付義務は負わないと考えてよいでしょう。

権利が何もない親族でも、財産に関する資料が送られてくると、それに何か意見を言ってみたくなるものですが、これは遺言執行者の側から見ると業務の障害やリスクを自ら増やす行為にほかなりません。

> 実際、こういった親族の遺言執行行為への過度の介入による業務の支障という問題意識は裁判例でも指摘されることがあります。→後掲東京地判平成19年12月3日。

ただし、遺言執行者による財産目録の交付（民1011Ⅰ）は事実上、相続人が相続を承認するか放棄するかの判断資料として機能する側面があるので、**先順位相続人の放棄により後順位の者が相続人となった場合には、その者に対して、新たに交付義務が生じる**と考えるべきでしょう。

なお、条文上、財産目録交付の対象に受遺者は含まれていませんが、相続人と同一の権利義務を有するとされる包括受遺者（民990）は交付すべき対象者に含まれると考えるべきです。

この財産目録交付義務とは別に、遺言執行者は、委任の規定の準用により、遺言執行業務の受任者として、相続人の請求がある場合には**業務の進捗状況を報告**し、また業務終了後もその**結果を報告する義務**を負います（民1012Ⅱ、民645）。この報告の相手方も相続人・包括受遺者と考えられ、特定受遺者は含まれないと考えてよいでしょう。

なお、被相続人には兄弟姉妹のみがいて、かつ遺産全体について第三者に包括遺贈（民990）がなされているというケースではどうでしょうか。兄弟姉妹には**遺留分がない**ので（民1028）、これらの者は最終的には遺産を取得する地位を失うことになり、「相続人」とはならないとも考え

られそうです。ですが、この場合でもやはり兄弟姉妹に対する財産目録交付義務（民1011Ⅰ）や受任者としての報告義務（民1012Ⅱ、民645）は負うこととなります（東京地判平成19年12月3日・判タ1261号249頁）。

では遺言執行者の行う業務について、身分事項と財産事項に分けて具体的に見てみましょう。

まずは身分事項に関して

遺言執行者が行う身分事項の遺言執行として、**遺言による認知と廃除およびその取消し**がありますが、これらは時間的な制約の存する業務です。いずれもデリケートな問題で、処理もやや特殊なので、詳しく見ておきましょう。

① 認 知（民781Ⅱ、戸籍法64）

遺言による認知は遺言執行者でなければ行えない遺言内容の一つですが、これが定められている場合、その就任の日から10日以内に、認知に関する遺言の謄本を添付したうえ、戸籍法の定める手続に従って認知の届出を行わなければなりません（戸籍法64、60、61）。

認知を受ける子が成人している場合にはその承諾が必要ですし（民782）、胎児であれば母親の承諾が必要です（民783Ⅰ）。子がすでに死亡しているときには、その子に直系卑属がいる場合に限って認知することができますが（民783Ⅱ）、その直系卑属が成人している場合には、その者の承諾が必要です（同項）。具体的には、認知届を役所に提出する際に、関係者の認知承諾書を添付することとなります。

果たしてこれだけの折衝や処理を就任の日から僅か10日間でできるのでしょうか。

裁判で認知が確定した場合と異なり、遺言認知の場合にはこのような戸籍法に基づく届出に必要な資料がすぐに揃えられるとは限りません。就任承諾後、被認知者との連絡や承諾書の取付等に時間がかかり、10日を超えてしまったということはいくらでもありそうな話です。

実務的には届出の際に期間を過ぎている場合、その経緯を届出書に付記するといった扱いがとられることはありますが、それでも形式的には過料の制裁（5万円以下。戸籍法135）に該当してしまいますし、いくら役所の戸籍係に事情を訴えても、そこでセーフだアウトだと決められるわけでもありません。

こういったケースでは、**就任承諾前に遺言の内容を把握し、関係者との調整が可能か、届出のためにどの程度の時間や処理が必要かを確認するというように、ある程度就任前に下準備をしておいたほうがよさそうです。**家庭裁判所に選任されるという場合（民1010）であっても、この辺りの所要時間に関わる事情は考慮したうえで選任の審判がなされるものと思われます。

② 廃除およびその取消しの審判申立て（民893、894Ⅱ）

遺言で廃除が定められているときも、遺言執行者は、遺言が効力を生じた後、遅滞なく、相続が開始した住所地を管轄する家庭裁判所に当該推定相続人の廃除の審判（家事事件手続法188）を申し立てなければなりません（民893）。これは、被相続人の生前に認められた廃除を遺言で取り消す旨定められている場合も同様です（民894Ⅱ）。

廃除の審判事件では、家庭裁判所は廃除を求められた推定相続人の陳述を聴き、廃除事由（民892）があると認めた場合には廃除の審判をします。

他方、廃除の取消しのほうは格別取消しの原因は求められないので、被廃除者の陳述の機会はありませんし、その必要もなさそうです。

遺言に基づく廃除の審判、廃除の取消しの審判がなされ、これが確定した場合、その効果は相続開始の時に遡って生じますが（民894Ⅱ、893）、遺言執行者は**審判確定の日から10日以内**に、審判書謄本を添付のうえ、戸籍法に基づく届出を行わなければなりません（戸籍法97、63Ⅰ）。

財産に関する遺言執行の進め方

財産事項についても遺言執行が問題となる場面は多く、その典型が遺

贈（民964）です。

　身分事項と異なり、財産事項では相続人でも遺言内容を実現できる場合が多いので、遺言執行者がいないまま処理が進められるということも少なくありません。

　もっとも、遺産の承継をめぐって相続人や関係者の間で争いになる場合には、相続人による自発的な解決や財産移転が難しくなるので、遺言執行者による遺言執行を行う実益があります。

> 遺言執行者が就任・選任されるケースの大多数は、この財産事項をめぐる遺言執行の場合です。

　ただし、そうやって遺言執行者が選任される場合でも、必ずしも遺産全体について管理処分の権利義務が発生するというわけではありません。

　たとえば、特定の財産を対象として遺贈が行われた場合、遺言執行者の権限はその特定遺贈の対象となった財産についてのみ生じ、それ以外の遺産には及びません（民1014）。

　他方、包括遺贈の場合、繰り返しになりますが、包括受遺者は相続人と同一の権利義務を有することになりますから（民990）、包括受遺者だけで自発的に遺言の実現が可能なようにも思えます。

　ところが、遺産に不動産が含まれる場合、特定遺贈・包括遺贈を問わず遺贈のような意思表示による物権変動については、身分関係によって法定された権利義務の承継と同じように考えることはできないため、**登記権利者による単独申請の例外**（不動産登記法63Ⅱ）が認められません。

　このため、**遺贈による不動産の移転登記は原則どおり、相続人あるいは遺言執行者と受遺者との共同申請**（同60）による必要があります（東京高判昭和44年9月8日・判タ252号314頁）。もともと法定相続人となるべき者がいないというケースでは、受遺者が移転登記を受けるためには、遺言執行者との共同申請という方法しかありません（→188頁）。

遺言執行者の負う責任

　他人の事務・財産を管理する者の例に漏れず、遺言執行者も善管注意

義務その他の受任者としての義務を負い（民1012Ⅱ、644～647）、この義務の違反は遺言執行者としての任務懈怠・過誤による賠償責任の根拠とされることになります。

遺言執行者とどう付き合うべきか

　これまで見たように、遺言執行者というものはそれなりにやっかいな負担や責任を負わされて気の毒だとも思える反面、自分が関係者となる相続の案件では遺言執行者と利害が対立することもあり、どのように接していくのが正しいのか気になるところです。
　そこで、相続人や受遺者等といった相続関係者の側から**遺言執行者とどのように付き合えばよいか**という点について考えてみます。

まだ遺言執行者が就任していないとき

　遺言で、遺言執行者の指定が行われている場合、あるいは指定の委託を受けた第三者による指定が行われた場合（民1006Ⅰ）でも、まだその指定を受けた者が就任を承諾（民1007）していないということがあります。
　特に認知（民781Ⅱ）や廃除（民893）といった内容の場合、遺言執行者が選任されない限り相続関係の確定や遺産分割手続が前に進まないため、関係者としては指定を受けた者に対し、相当の期間を定めて就任諾否の催告（民1008）を行うことになります。
　「相当の期間」がどれくらいか、これは条文には明記されていません。
　指定を受けた者が遺言執行者として就任するか拒絶するかを判断するのに必要な「相当の期間」ということになりますが、その長さは一義的・画一的に定まるものではなく、当然、予想される職務執行の具体的内容にも影響されます。
　単純で争いのない特定遺贈を履行してしまえば終わりという場合もあるでしょうし、相続人の一人について廃除の審判を得たうえでその占有

する不動産の明渡しを受け、受遺者に引き渡すという業務が必要となる場合もあるでしょう。要するにケースバイケースです。一概に言うことは難しく、軽々に論じられる問題ではありません。ですが、敢えていうならばだいたい10日〜1か月程度でしょうか。

相当期間内の**就任諾否の回答がない場合就任を承諾したものとみなされてしまう**という効果（民1008）も相俟って、あまりに催告期間が短すぎると、就任の事実の有無をめぐって無用の争いが生じることもないとは言えませんから、ある程度余裕を持たせるのが適切かと思われます。

ただ、実際にこの「相当期間内の諾否の回答の有無」や就任の効果発生の有無がシビアに争われるという事案はほとんど聞きません。催告があっても、就任を承諾するか否かを判断するうえで相続人や受遺者等の利害関係人とはある程度の折衝が続けられるでしょうし、仮に就任承諾の回答がなくても、気乗りしない者に遺言執行を任せてしまいたいという人はあまりいないものです。

他方、そもそも遺言執行者の指定がない場合や、指定の委託を受けた者が指定しようとしない場合、指定を受けた遺言執行者が就任を拒絶したり、就任後辞任等によって遺言執行者がいなくなった場合などは、先に書いたように相続人、相続債権者、受遺者等の利害関係人が家庭裁判所に遺言執行者選任を請求することができます（民1010）。

就任したり選任されたりしたあとは

家庭裁判所の選任審判（民1010）があった場合、その旨は遺言執行者として選任された者と申立人の両方に通知（告知）されることになります（家事事件手続法74Ⅰ）。ですから、自分が利害関係人（たとえば受遺者）として遺言執行者選任の請求を行ったのであれば、当然、誰がいつ遺言執行者として選任されたかを知ることはできるわけです。ところが、家庭裁判所によるこの選任の告知は**遺言執行者、申立人以外の関係者**にはなされません。

一方、遺言で遺言執行者の指定等がなされていた場合（民1006）でも、少なくとも条文上は、就任承諾について遺言執行者がわざわざ相続人に通知しなければならないといった規定はありません。
　そのため、相続人であっても、遺言執行者から財産目録の交付（民1011Ⅰ）があるまでその就任に気づかないということがあり得ます。
　それだけならさして問題はなさそうですが、遺言執行者に報告義務の懈怠があったような場合には相続人の知らない間に遺産が処分されてしまうという事態も考えられます。
　もちろん、こういった事態は極めてレアなケースです。しかし、そういったリスクに対して、遺言執行者の選任・就任に関与していない利害関係人の側でとりうる有効な手立てはなかなかなさそうです。せいぜい「日頃から遺産の動きについて鋭敏な感覚を磨いておく」という程度でしょうか。ここは、自分で書いていても何のことかよくわかりません。
　事後的な対応策ではありますが、遺言執行者の報告義務懈怠によって何か具体的な問題が生じたという場合には、その損害賠償責任を追及するということも考えられます。
　また、こういった遺言執行に関わるトラブルを防ぐため、遺言執行者の側で就任後、遺言書の写しを添付して相続人や受遺者等の利害関係人に就任の旨を通知することが推奨されています。

> この点に関し、一定の場合に、善管注意義務の一内容として、就任の事実の通知義務を負う旨示した裁判例（東京地判平成19年12月3日・判タ1261号249頁）があります。

 遺言執行者とのかしこい距離の取り方

　相続人や受遺者と遺言執行者とでは立場や主張が対立することもあるので、その距離が近すぎても遠すぎてもお互いに不都合が生じます。そういったケースではどのような距離の取り方をすればよいのでしょうか。

※距離の取り方に問題があるケース

(1) 遺言の有効性や内容解釈に争いがある場合

　遺言執行者は選任されているけれども、相続人や受遺者としてはそんな遺言は無効だと主張したいという場合もあるでしょう。また、遺言の記載が曖昧で、その解釈自体に関係者間で争いがあるということも考えられます。
　こういった場合、遺言執行者としても、遺言執行の進め方や関係者との折衝・調整に苦慮するわけですが、相続人等の利害関係人は果たしてどのように対応すべきでしょうか。

① 遺言執行者の権利義務の内容を正しく把握する

　遺言執行者は、相続財産の管理その他遺言の執行に必要な一切の行為をする権利義務を有しているわけですが（民1012Ⅰ）、遺言の内容が特定遺贈に限られるなど、特定の財産に関するものである場合には、この

権利義務の範囲も当該財産の範囲に限られます（民1014）。これはさっき見たとおりですね。

この「特定の財産」というのは、他の部分と識別できるような特定の一部を指すものとされているので、「A銀行B支店の普通預金（1234567）」という具体的な記載の場合も、「預金の一切」といったある程度概括的な記載の場合も、相続財産の中の特定の部分を指し示すものと判断できる限り、これに該当すると言えます。

たとえば、遺言に「甲の土地をAに遺贈する」と書かれており（甲土地の特定遺贈）、他に包括遺贈など遺産全体に関わる内容が定められていない場合には、就任した遺言執行者の権利義務もその範囲に限られます。

> この「範囲」は遺言の内容自体によって定まり、遺言執行者が遺言者による指定（民1006）、家庭裁判所の選任（民1010）のいずれで就任したかは関係がありません。

これは、遺言執行者の財産目録の作成・報告等の義務（民1011、1012Ⅱ、645）や、相続人の管理処分権制限（民1013）の範囲もその部分に限定されることを意味します。

遺言が特定の財産に関するものでしかなく、他に処分について何ら触れられていない遺産がある場合には、その部分について遺言執行者はノータッチですから、相続人間で遺産分割協議を行う必要があります。そのため、遺言執行者との折衝を行う利害関係人としては、まずその権利義務の範囲・内容を正しく把握しなければなりません。

まずは、**遺言の内容を確認する**ことです。

手元にない場合、遺言執行者から遺言書写しの開示を受けるのが普通ですが、遺言執行者である他の共同相続人と激しく対立しているというような場合には他の手立てが必要です。遺言書検認時の記録をあたるのも一つですし、公正証書遺言の場合、相続開始後であれば相続人、受遺者等も公証役場で遺言書の謄本の請求が可能です。

とにかく、遺言の内容を確認しないことには話が始まりません。

② 遺言執行者に対して明確に自分の主張を伝える

遺言執行者は遺言の執行に必要な一切の行為を行う権利義務を有して

いるので(民1012Ⅰ)、遺言に定められた財産処分についても、遺言執行者が具体的に実現する行為を行うことになります。

　不動産の特定遺贈が行われている事案では、その不動産にものすごくややこしい親族が勝手に住んでいるなど、相続人による自発的な努力だけでは受遺者への移転登記や引渡しができないことがあります。こういった場合には、遺言執行者がその親族に対して不動産の明渡しを求め、これを完了したうえで、受遺者への移転登記を行うという方法をとる実益がでてきます。

　動産や金銭の遺贈の場合、遺言執行者が相続財産の中からこれらの引渡しや給付を行います。相続財産に預貯金が含まれる場合、遺言執行者は金融機関に払い戻しの請求をしたうえで、受遺者に引き渡すことができます。

　以上は、**遺言執行者の権利の行使であると同時に義務**でもあるため、受遺者からの働きかけは本来必要ありません。就任した遺言執行者が

粛々と遺言内容の実現を進めればよいということです。

こう書くと、遺言執行者は極めて有能で頼もしい役職に思えてきます。

しかし、実際には、相続で噴出する数十年来の不満や鬱憤の矢面に立ち、ともすれば「なんでアンタみたいな部外者にええように言われなあかんのや」となじられながらも処理にあたらなければならない局面もあり、かなりハードな仕事です。

関係者の協力が得られないというパターンは多いですが、遺言執行者が相続人の一人で、しかもその者に不利な割合・分割方法での遺贈が行われていたというようなケースでは、遺言執行者が適切に遺言執行をしてくれないことも考えられます。

そもそもそのような歪な形での遺言執行者の指定や就任承諾自体に問題があるとも言えますが、受遺者や相続人としては、まずは遺言執行者に適切に執行を行うよう求め、それでも実施されない場合には家庭裁判所に解任の請求（民1019 I）と新たな遺言執行者の選任請求（民1010）を行うべきでしょう。

遺言執行者の行う遺言執行の内容に特に異論がないのであれば問題ありませんが、遺言の有効性や解釈に関して異議がある場合には、自分の主張を遺言執行者に伝えなければなりません。このとき、遺言の有効性や解釈に異議を呈する利害関係人と遺言執行者は、ある意味対立する関係に立つことになります。

遺言の解釈が問題となる場合、遺言書に表明されている遺言者の意思を尊重して合理的にその趣旨を解釈するわけですが、可能な限りこれを有効となるように解釈するのが遺言者の意思に沿うこととなります。そのためには、遺言書の文言を前提にしながらも、遺言者が遺言書作成に至った経緯およびその置かれた状況等を考慮することが許されます（最判平成5年1月19日・民集47巻1号1頁）。

遺言の解釈は、遺言執行者と相続人等関係者とで行われることになりますが、それを経ても内容が定まらず解決が見られないこともあるでしょう。

遺言執行者としては自身のよりどころでもある遺言の内容が有効であるという方向に考えが働くのが普通なので、その有効無効自体が争いと

第3章 相続開始後の道 ［遺言相続編］

なるときには、紛争は長期化しがちです。この場合、**遺言執行者が遺言の内容解釈を最終的に決定できる権限を有しているわけではない**ので、それ以上、任意の議論や交渉を続けても解決には繋がりません。

　結局のところ、相続人ら利害関係人の側としては、遺言の無効確認や遺言の内容・範囲の確定を求める訴訟手続による解決を図るほかないわけですが（大阪高判昭和32年2月16日・家裁月報9巻2号36頁参照）、その場合、誰に訴えを提起すべきでしょうか。

　遺言執行者がいる場合、相続人は遺産に関する管理処分権を失うので（民1013）、**遺言無効確認請求訴訟や遺言の内容・範囲の確定を求める訴えも遺言執行者を被告として提起する**こととなります。

> 面白いことに、遺言執行者は、自らを遺言執行者として指定した遺言自体の無効確認訴訟についても原告適格を有するものとされます。→大決昭和2年9月17日（大民集6巻501頁）。

　このように遺言執行者と相続人・受遺者等の関係者が対立関係に立つ場合であっても、適切な遺言執行が行われるためには、遺産の具体的内容についての正しい情報提供・情報共有が必要です。

　遺言執行者は、（対立関係にあるか否かは関係なく）相続人への報告義務（民1012Ⅱ、645）を負いますので、相続人としては適宜、遺言執行状況の進捗について報告を求めることができ、遺言執行者もこれに応じなければなりません。他方で、法律上の義務ではないものの、相続人・受遺者等関係者としても、遺言執行者から事情や事実関係、遺産の内容についての問い合わせがあった場合には、できる限りこれに対応するべきでしょう。

⑵　**遺留分侵害の遺言執行がなされようとしているとき**

　遺言に残された遺贈等が特定の相続人の遺留分を侵害するとき、遺留分権利者は、その減殺対象となる処分行為によって直接に利益を受けている受遺者や受贈者（その相続人等包括承継人を含む）に対して減殺請求権を行使することになります（民1031）（ただし、改正→256頁）。

　また受遺者・受贈者からの悪意の特定承継人や権利の設定を受けた者に対しても減殺請求権の行使が可能です（民1040Ⅰ但書、同Ⅱ）。

なお、古いところでは**包括遺贈に限り、遺留分減殺請求を遺言執行者に対する意思表示で行うことができる**とした大審院判決があります（大判昭和13年2月26日・大民集17巻275頁）。

もっとも、これはそのような意思表示が行われてしまったあとの評価の問題であって、減殺請求権を行使する段階では可能な限り安全な方策をとるべきです。よほど特殊で異常な事情がない限り、包括遺贈の事実を知ったのであれば、その**包括受遺者に対して減殺請求の意思表示を行うべき**であり、遺言執行者のみへの通知でオッケーと考える合理的な理由はありません。一般的に言っても、遺言執行者自身は遺留分減殺請求にまつわる紛争の当事者とはならないため、減殺請求の意思表示の相手方とすべき理由は本来ないはずです。

ただ、減殺請求を行おうとする遺留分権利者が、遺留分を侵害した遺言執行が漫然と行われてしまわないよう、遺言執行者に対して何らかの警鐘は鳴らしておきたいというのは理解できるところです。そのためにも、包括遺贈・特定遺贈、死因贈与等を問わず、遺留分減殺請求の場合には、**受遺者・受贈者等は当然として、遺言執行者に対しても遺留分減殺請求権を行使する旨の通知を行っておくのがよい**かもしれません。

さて、この遺留分減殺請求権の行使は、相続処理の中でもかなりウエイトの大きい重要なトピックですから、あとで詳しく見ることにします。

遺言執行者の解任

先に少し触れたように、遺言執行者に任務懈怠その他、解任を認めるべき正当な事由がある場合には、利害関係人は家庭裁判所に遺言執行者の解任を請求することができます（民1019 I）。

任務懈怠というと、遺言執行にいつまでたっても着手しないとか、相続人に対する進捗状況の報告（民1012 II、645）を適切に行わない、一部の関係者と結託して不公正な処分を行っているなどが考えられます。利害関係人の誰かと特別に親密な関係にあって公正な事務処理が期待で

きないといった場合なども「正当な事由」があると言え、解任請求の根拠となるでしょう。

　家庭裁判所が正当事由ありとして解任した結果、遺言執行者がいなくなり、かつ相続人による遺言内容の実現ができないときには、新たに選任してもらう必要があります（民1010）。

第3章

相続開始後の道　［遺言相続編］

② 相続権を害する遺言が辿る道

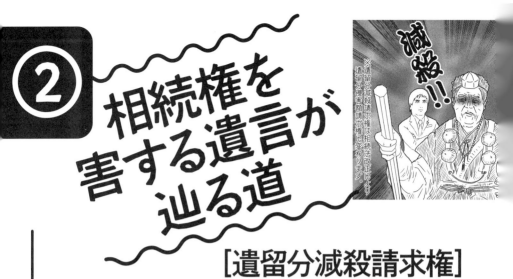

[遺留分減殺請求権]

　原則として、人は自分の財産を自由に処分することができます。そして、その考え方は、相続の場面でも一応は妥当するのです。ただし、わが国の法は、その個人主義的なルールに一定の修正を加えています。それが遺留分（民1028）ですが、では遺留分を侵害する遺言はどのように扱われることになるのでしょうか。

どうやって守られるか[遺留分の範囲]

遺留分はそもそもどんなもの？

　まず、そもそも遺留分というのはどのようなもので、何のために用意されているのでしょうか。この遺留分制度は今回の相続法改正で大きく変更されたところですが、改正後の内容を見るだけでは、これまでの議論や問題意識の理解が困難です。
　そこで、以下では、改正前の遺留分制度について整理して概観することとし、改正法については、付録（→255頁）で見ることとします。
　たとえば、今私の目の前に1,000万円があります。
　拾ったものでも盗んだものでもなく、私自身が稼いだお金です。これ

をどのように使おうと、基本的に誰からも文句は言われないはずです。人にあげてもいいし、自分で好きに使ってもいい、それが原則的なルールです。

もしかしたら、家族の誰かから「あなたが勝手に使うのはおかしい。家族のために使うべきだ」と異論を呈する声が上がるかもしれません。家庭内の問題としてはそれなりに深刻な事態ですが、しかし、少なくとも私の財産を私が自由に処分できるかどうかという視点から見るととるに足りない意見です。

これは相続の場面でも一応は妥当します。私はこの1,000万円を、家族に残すのではなく、親しい人に全額あげてしまってもよいわけです。やはり家族は不満を感じるでしょうが、私が他人にお金を残すということ自体が禁じられるわけではありません。残念ながら私には1,000万円を残すほど親しい関係の友人がいませんが、もしいたとすればの話です。

ただ、私の残せる財産がこの1,000万円だけであった場合、これをすべて他人にあげてしまうと、もしかしたら残された家族は私の死後、生活に困ってしまうかもしれません。残された財産については、家族としても自分たちが引き継ぐことができるだろうという期待を抱くはずです。

そういう場合にそなえ、民法は遺留分として、**家族が権利を主張した場合には一定の財産を（被相続人の意思に反する形になっても）取得させるというシステム**を用意しているのです。

先に結論めいたものを書いてしまいましたが、この遺留分というものの趣旨や理論的な説明の仕方についても、実はいろいろな考え方があります。

たとえば、先に書いたように残された**近親者の生活保障的趣旨**を重視する考え方もあれば、相続開始の前から相続財産上に**相続人の支配権のようなもの**があるのだという説明を行う立場もあります。ただ、ここに立ち入ると、「相続人が大富豪の場合にも遺留分が発生するのはなぜなんだ」というように色々とややこしくなるうえ、実際の事件処理にはさほど影響しないので、そういったことはこの際おいておきましょ

う。

ここで押さえておきたいのは、まず㋐相続財産のうち一定割合が遺留分として（被相続人の意思に反しても）相続人に保障されることがあり得るということ、そして、㋑それは普通は当然に生じるものではなく、相続人による遺留分減殺請求権の行使（民1031）という形がとられる必要があるということです。

遺留分の具体的内容

遺留分というものの成り立ちや趣旨はおぼろげながらわかりました。では、その遺留分というものは誰にどういった形で保障されているものなのでしょうか。

(1) 遺留分権利者は誰か

まず、遺留分を有する者が誰かを押さえておきましょう。

遺留分に関する条文の初っぱなで、「兄弟姉妹以外の相続人は」と書いてあり（民1028）、これは基本的かつ重要です。

「**兄弟姉妹以外の相続人**」ですから、姻族相続人である配偶者は当然該当しますし、血族相続人でいうと、第1順位の子、第2順位である直系尊属も該当します。さらに言えば、子の代襲相続人にも遺留分があります（民1044、887Ⅱ・Ⅲ）。代襲原因は死亡だけでなく、欠格（民891）、廃除（民892）もありますから、たとえば、被相続人が自分の子を廃除した場合であっても、その子がいるときにはその者が被相続人の相続について遺留分を有することになるのです。**子は論外でも孫はかわいい**、というやつです。

ところが、条文上明記されているように、**被相続人の兄弟姉妹には遺留分はない**のです。

一般的にいって、兄弟姉妹は、被相続人の遺産について自分の生活保障の資としての期待を抱くことは少ないでしょうし、またそれが自然であると言えましょう（とりあえずここでは「遺留分＝親族の生活保障」とい

う視点で考えます）。

　また、そのようなきょうだい間での生活保障を問題とすべき特殊なケースがあること自体は否定しませんが、**そのような場合、遺贈を活用すればよく**、兄弟姉妹に被相続人の意思を上回る強固な権利を認めるまでの必要はなさそうです。

　ときどき、子も直系尊属もいない人から、「折り合いの悪い兄弟姉妹に自分の遺産が行くのを何とか防ぐことができないか」という相談を受ける場面があると思います。

　こういった場合、「**配偶者や第三者に財産すべてを遺贈する遺言を書いておけば、おそらくあなたの希望は叶えられるでしょう**」とアドバイスするわけですが、これも兄弟姉妹に遺留分がないからこその話ですね。遺留分がないがゆえに、被相続人の意思に基づく財産処分は、その者たちとの関係では修正が加えられる余地がないのです。

　逆にそういったケースでは、何も手立てをうっていなければ、配偶者

と兄弟姉妹とで遺産分割をめぐる不毛な争いが繰り広げられてしまうことになりかねません。兄弟姉妹やその代襲者など、被相続人と縁遠かった「笑う相続人」との間で、残された配偶者が自宅の共有状態を強いられるというのはやや気の毒な話です。

さて、もう一つだけ注意しておきたいのは、**包括受遺者は遺留分がない**ということです。

これまで何度も見てきたように、包括受遺者は「相続人と同一の権利義務を有する」（民990）とされるわけですが、遺留分の有無に関して言えば、包括受遺者は相続人と同じようには扱われません。これも、兄弟姉妹同様、遺留分をわざわざ認めるべき根拠、合理性がないからと考えてよいでしょう。当たり前の話ですが、相続人が包括受遺者となる場合、その者にも遺留分というものを観念することはできますが、それは相続人としての地位に基づくものであって包括受遺者だからではありません。

なお、この考え方からすると少し違和感を感じるのが、**相続分の譲渡を受けた者は遺留分減殺請求権を行使できる**という点です。

この点は後述します。

(2) 遺留分はどうやって決まるのか

① もともと何を基礎として算定するのか

では遺留分としてどの程度の財産が遺留分権利者に保障されるのでしょうか。

遺留分算定基礎額の基本的考え方

まず、そもそもの遺留分算定の基礎額がどのように決まるのかを考えてみましょう。

民法は、被相続人が**相続開始の時において有した財産の価額に贈与した財産の価額**を加え、さらにそこから**相続債務の全額を控除**した額が遺留分算定の基礎額となると定めています（民1029Ⅰ）。名前がないと不便なので、以下、この方法で定められた基礎額を「**遺留分算定基**

礎財産」ないし「遺留分算定基礎額」と呼ぶことにしましょう。

　ぱっと見て気づくのは、相続開始の時に残されていた財産だけでなく、過去に遡って贈与も遺留分算定の基礎とされる可能性があるということ、そして債務は控除しなければならないということの2点ですね。

「相続開始時に有した財産」の意味

　相続開始時に有した財産には、遺贈や死因贈与の対象となる財産も含みます。たとえば、相続財産として現金1,000万円、預金500万円があり、その中から預金500万円を友人に遺贈するという遺言があったとしても、遺贈分を差し引かずに現預金合計1,500万円を基礎額に算入するというわけです。

「贈与した財産」とその評価

● ここでいう「贈与」とはなにを指すか

　次に、**贈与した財産の価額**ですが、これは文字どおり、被相続人が生前に誰かと交わした贈与契約が該当するほか、**無償での債務免除や担保の提供**を行っていた場合など、**すべての無償処分**を含むものとされています（死因贈与は贈与の一種ですが、遺贈に準じて考えるのが一般的です）。

　この贈与をはじめとする無償行為の相手方は特に限定がありませんから、その相手方は相続人の中の誰かの場合もあれば、まったく関係ない第三者であることもあります。少し特殊な例ですが、あなたが誰かから債務の免除を受けたところ、しばらく後にその相続人から遺留分減殺請求だといって一定の財産の支払い（返還）を求められることもあり得るということですね。寝耳に水もいいところです。

　ただ、これら贈与のうち遺留分算定の基礎額となる範囲には一定の限定が付されており、**原則として相続開始前の1年間にしたものに限られる**という制約があります（民1030前段）。この「相続開始前の1年間にした」というのは、贈与契約であれば、その**契約の締結が相続開始前1年内に行われていること**を要します。

なので、被相続人が死の3年前に知人に重要な動産を贈与する旨合意し、その履行をしたのが死の半年前だったという場合には、「相続開始前の1年間にした」とは言えないことになります。贈与が口頭で行われた（と主張する）場合など、さぞ面白い訴訟になるのだろうなと気にはなりますが、とにかく**相続開始前1年間**に制限されるのが原則です。

● 死因贈与はどう考える？

さて、「贈与」と聞いて思い浮かぶのが死因贈与です。死因贈与もその契約自体、相続開始前の1年間に行われたものでなければ遺留分算定の基礎額に入らないのでしょうか。

これについては、**死因贈与も遺贈に準じて扱うべき**というのが通説的な見解です。遺贈と同様に扱えというわけですから、死因贈与契約の時期が相続開始の5年前でも10年前でも当然に基礎額に含まれますよということですね。

遺贈と同様、死因贈与の場合も相続開始までは財産の移転が生じていないので、この考え方はもっともなように思われます。相続開始まで何ら財産の移転は実現していないのですから、死因受贈者（というのでしょうか？）も、「え？　いまさら返せってひどくない？」とは感じないでしょう。ここが生前に履行済みの贈与との大きな違いです。

● 相続開始時点で1年以上経っている贈与は？

相続開始前の1年間にしたものでない贈与、たとえば、相続開始の時点ですでに贈与の合意から3年や4年が経過してしまっていたという場合、一切基礎額に含まれないのでしょうか。

条文は、「（贈与の）当事者双方が遺留分権利者に損害を加えることを知って贈与をしたときは」1年前の日より前にしたものについても基礎額に算入されるのだと定めています（民1030後段）。

当たり前の話ですが、この「相続開始1年前より前にされた特定の贈与が遺留分算定の基礎額に含まれるかどうか」は、実際に遺留分権利者が遺留分減殺請求を行う場面で問題となります。そして、「遺留分権利者に損害を加えることを知って」贈与をしたのだという点は、遺留分

権利者の側で主張・立証しなければなりません。

しかも、条文上「当事者双方が」とあるように、贈与の時点で贈与者（被相続人）と受贈者いずれもが将来の遺留分侵害の認識を持っていたことを立証しなければならないのです。

こういった主観的要件を条文で目にするたび、立法者は勝手なことを実に気安く定めてくれるものだなと感じ入ってしまうのは、私自身の実務家としての意識の低さかもしれません。

ただ、この「遺留分権利者に損害を加えることを知って」という要件は、少なくとも1年以上過去の、しかも自分が関わっていない他人間の財産処分に関するものであることから、さぞ主張・立証に骨が折れるだろうなと同情せずにはいられないところです。

この「損害を加えることを知って」というのは、**遺留分権利者に損害を加えるべき事実を知っていることで足り、積極的な加害意思までは不要**というようにハードルが下げられているようにも見えるのですが（大判昭和4年6月22日・大民集8巻618頁）、それでも実際に遺留分権利者が立証しようとすると骨が折れることには変わりありません。

要するに、遺留分権利者の側で「この贈与をする、あるいは受けると贈与者の親族中の遺留分権利者である誰かの遺留分さえ満たされなくなってしまう」という認識を贈与者（被相続人）と受贈者の双方が持っていたことを主張・立証することになります。ですが、贈与財産が贈与者（被相続人）のほぼ唯一の財産であるなど、よほどの事情がなければこの立証はかなり難しくなってきます。

また、「1年前の日より前」といっても、時期が古くなればなるほど、贈与者・受贈者の「損害を加えること」の認識は乏しくなるのが普通ですから、基礎額算入も難しくなっていくわけです。

● **特別受益となる贈与はまさに「特別」**

それともう一つ、特別受益については、遺留分算定のうえでも若干ややこしい問題があります。

基本的に、過去にした贈与は「相続開始1年前より前か後か」が一つの分岐点となるのですが、**相続人に対してなされた贈与で特別受益**

となるものについては、そのなされた時期を問わず遺留分算定基礎額に算入される、ということです（なお、この点は改正法で一部改められています。→258頁）。

特別受益とその持戻しに関する民法903条が民法1044条によって遺留分の場合に準用されていることがその形式的な根拠です。

実質的な理由についてはどうでしょうか。

もともと特別受益になるような贈与は、**いわば相続財産の前渡しというべきもの**なので、相続人間の衡平という遺留分算定の場面でも、基礎額として考慮すべきですし、そうしても格別問題は生じないと言えるでしょう。

このため、特別受益となる贈与については、贈与当事者に誰かの遺留分を侵害する認識があったかどうかはそもそも問題とされません。

したがって、亡父から10年前に多額の事業資金の贈与（特別受益）を受けていた相続人は、兄弟から「その贈与も遺留分算定基礎額に含ま

れるのだ」と主張された場合、「親父が死ぬ1年以上前のことだし、遺留分侵害になるなんてわからなかったから」と言って拒むことはできない、ということになります。

　もっとも、「特別受益となる贈与」という時点で、すでに一定の限定がなされていることにも注意が必要です。「婚姻若しくは養子縁組のため若しくは生計の資本としての贈与」でなければなりませんし（民903Ⅰ）、**財産上の給付の額が相当の額に上ること、すなわち相続分の前渡しと評価できる程度のものであること**も必要です（→ 101頁）。

　このため、相続人に対する贈与があっても、それが特別受益にあたる場合とそうでない場合が出てくるというわけですね。

　特別受益にならない贈与は原則どおり「相続開始前1年より前か後か」、「1年より前であれば遺留分侵害の認識があったか否か」というめんどくさい基準（民1030）に従って区別されることになります。得てしてそういった贈与、たとえば扶養義務の範囲内といえるものであったり、ごく少額の小遣いであったりというものは遺留分侵害の認識を持ち得ないことが多いため、1年前より過去のものは問題とせずに終わるケースが多いのではないかと思われます。ところが、相続の現場では、成り行きに任せるとこういった些末な点があたかも主戦場であるかのような様相を呈してくることがあるため、気が抜けません。

　さて、晴れて遺留分算定基礎額に組み込まれることとなった特別受益ですが、果たしてこれらは遺留分減殺請求（民1031）の対象になるのでしょうか。我々はつい「算定基礎額に含まれるか否か」と「減殺請求の対象になるか否か」を同じ問題と考えてしまいがちですが、実は両者は別の問題です。

この点は後述します（→ 229頁）。

● 過去の贈与をどうやって評価して遺留分基礎額に組み込むか

　ここでもう一つ考えておかなければならない重要な点は、**過去に贈与された財産の評価をどうするか**です。

　たとえば、被相続人が知人に不動産を贈与したところ、その後、価格の下落が続き、相続開始の時には贈与時の時価額の半分近くにまで減価

していたという場合、贈与時と相続開始時のいずれの価額をもとに遺留分算定基礎額を計算するのか、という問題です。

1年程度の間でも有価証券や不動産は相応の値動きがあります。相続開始の1年前より遡って基礎額に算入される贈与がある場合には特に大きな問題ですが、ここは贈与時ではなく**相続開始時点を基準に価額を評価**することになります（民904）。

もとは被相続人からタダでもらったものとはいえ、贈与時から相続開始の時までに大きく値上がりしている場合、減殺請求を受ける受贈者の負担は大きくなってしまうということです。

他方、贈与ののち、受贈者の行為によって贈与の対象物の滅失や減価が生じている場合には、相続開始時点で「原状のまま」であるものとみなして評価された額が基礎となります（民1044、904）。

この「原状のまま」という表現は少し説明が必要かもしれません。これは、受贈者の行為によって目的財産が滅失したり、あるいは受贈者の行為によって価格の増減があった場合でも、「原状」つまり**贈与当時の状態のまま存在するものとみなし**、そのうえで、金銭的な評価は**相続開始時の時価で評価する**、という意味です。「原状のまま」の5文字でこれだけの意味を読み取れというのはなかなか過酷な話です。

「受贈者の行為によって」という表現は、目的財産の滅失、価格の増減の両方に係るので、受贈者の行為によらない市場での価格の増減はここにいう「原状」とは関係がありません。

たとえば、被相続人Aが死亡の半年前に知人Bに市価100万円の高級ワインを贈与したところ、飲んべえのBがワインを飲んでしまい、相続開始時には存在しなかったという場合を考えてみましょう。このとき、ワインの消費も「受贈者の行為」（民904）にあたり、そのワインがなくなってしまったという事実（＝目的物の滅失）は遺留分算定基礎額評価のうえでは考慮されません。

ですから、この場合もその高級ワインが贈与の半年後の相続開始時になお「原状のまま」存在するものとみなし、相続開始時点での評価額が遺留分算定基礎額に算入されることになるわけです。市価が100万円のままならその100万円が算入されますし、半年の間に150万円に価

値が上がっていたら 150 万円が算入されることになります。

　これは、B がこの高級ワインをさらに知人 C に 10 万円で売りはらった場合でも同様です（私のように酒が飲めない人の場合、こういうことが起こり得ます）。その売買代金 10 万円が算入されるのではなく、あくまでも B が贈与を受けた当時のまま（原状のまま）の状態でワインが存在するものとして相続開始時の市場価格で評価、基礎額算入を行うべしということになります。

　ここでの教訓は、人にもらった高級ワインは安易に消費・処分するな、ということでしょうか。

　では、これが金銭だった場合はどうでしょうか。

　金銭の場合、贈与時点で額面額自体は特定・固定されますが、時代を経ることでその価値は大きく変わる可能性があり、これは今の 1 円と昭和 20 年当時の 1 圓を比べるとよくわかります。

　そこで、贈与された財産が金銭の場合、その**贈与当時に授受された金額を相続開始時の貨幣価値に換算した価額をもって評価する「評価替え」**を行う必要があります（最判昭和 51 年 3 月 18 日・民集 30 巻 2 号 111 頁）。たとえば、この判例の事案では、大正時代に贈与された 4,525 円が特別受益とされ、贈与当時と相続開始時（昭和 33 年）の物価指数の比率をもとに、同贈与額を 250 倍した 113 万 1,250 円が遺留分算定の基礎額とされています。

　「原状」という言葉から、対象財産の金銭的評価も贈与当時の基準（市価や物価水準）でするように誤解しがちなところなので、注意が必要ですね。

相続債務の控除

　それから、冒頭書いたように、遺留分算定の基礎財産を算出する段階では「債務の全額を控除」する必要があります（民 1029 Ⅰ）。要するに、相続人の遺留分は相続債権者に優先して認められるほどの保障は与えられていないのです。この点、自分で稼いだ給与や元夫に払ってもらえる養育費などが一定部分で債権者よりも優先するのと異なっています。

　近親者の生活保障的性格や減殺請求権の内容（形成権であり、また物権

的なもの）に着目すると遺留分というものはさぞ強固で確かな権利であるかのように思えるのですが、実際には相続債権に優先するわけでもなく、強くもあり弱くもある権利であると言えるかもしれません。そもそも相続財産がまったくない場合には遺留分は問題にすらなりませんから、あまり近親者の生活保障的趣旨というものは強調すべきではないようにも思われます（あくまで私見ですが）。

② 遺留分率

　次に遺留分率という言葉があります。これは、相続財産全体（正確には、先に見た遺留分算定基礎財産）のうちどの程度の割合が遺留分権利者（ら）の遺留分として観念されるかという話であり、遺留分率を乗じた額を法定相続分に従って各遺留分権利者の遺留分として捉えることになります（民1044、900、901）。

　算定プロセスとしては、個々の相続人の遺留分がいきなり決まるのではなく、**まず遺留分算定基礎財産にこの遺留分率を乗じて遺留分権利者全員の遺留分の合計となる金額（これを包括的遺留分と呼ぶことがあります）が定まり**、その後にそれぞれの法定相続分を乗じて個々の遺留分額（個別的遺留分）が決定されるというわけですね。

　こうして、相続財産（遺留分算定基礎財産）のうちの一部、2分の1あるいは3分の1が「遺留分」として評価されるわけですが、逆にこれを除いた部分については相続人が名実ともに自由に処分できる財産だということで「自由分」と呼ばれます。ただ、「遺留分に縛られず自由に処分できる部分」とはいっても、多くの場合、遺言者（被相続人）が生前にこれを具体的に認識することはほとんどないのではないでしょうか。人は自分が与えられた自由に気づきにくい生き物です。

　さて、話を遺留分率に戻しましょう。

　この遺留分率は条文上明記されており、直系尊属のみが相続人である場合、たとえば配偶者も子もおらず、被相続人の親だけが相続人になるといった場合には遺産の3分の1が、それ以外の場合には遺産の2分の1が、遺留分権利者全員の遺留分を合わせた額として観念されます（民1028）。

理由はともかく、**直系尊属だけが相続人になる場合には遺留分率が低く定められている**ということは覚えておきましょう。子供もいない、配偶者もいない、でも親は存命で、しかも相続放棄をしない（相続を承認する）というけっこう限られた場面ではありますが、そのときには少し全体としての遺留分（包括的遺留分）が少なくなるというわけです。

③ 個別的遺留分への到達

以上のように、遺留分算定基礎額に遺留分率を乗じて包括的遺留分が算出されたら、今度はこれに法定相続分を乗じ、それぞれの相続人（遺留分権利者）の遺留分を算出します。これは各遺留分権利者個別の遺留分という意味で**個別的遺留分**と呼ばれます。

相談者などで**「遺留分は法定相続分の半分」という誤解**をしている人がときどきいますが、これは直系尊属だけが相続人になる場合には結論として当てはまりませんからそもそも不正確な理解ですし、算定のプロセス（遺留分率を乗じ、法定相続分を乗じる）を正しく捉えたものでもありません。

また、この個別的遺留分の算定のプロセスでは、必ず**法定相続分を包括的遺留分に掛ける処理**になります。たとえ遺言で相続分の指定（民902Ⅰ）がなされていたとしても、それが用いられるわけではありません。

もともと遺留分というのは、被相続人の意思によっても自由に処分できない相続人の権利ですから、被相続人が遺留分の指定をなしえないというのは当たり前の話です。

この個別的遺留分自体は上記の処理（包括的遺留分×法定相続分）によって機械的に算出されますが、複数いる同順位の相続人のうち**一部の者が遺留分放棄（民1043Ⅰ）をしても、それによって他の遺留分権利者の遺留分が増えるわけではありません**（同Ⅱ）。

たとえば、子A、B、Cの3人が相続人となる場合、Cが遺留分放棄をしてもA、Bの遺留分が増えるわけではないのです。ただ、Cが相続放棄（民915Ⅰ）をした場合には、Cはそもそも相続人でも遺留分権利者でもないことになるため、この場合は結果としてA、Bの個別的遺留分額も増えることになります。

これは包括的遺留分に乗じる法定相続分が変わることの結果です。

どうやって守るか［行使上の注意点］

　被相続人が死んだ時に有していた財産に過去の贈与で加えるべきものを加え、相続債務は控除し、これに遺留分率、法定相続分を乗じて特定の相続人の遺留分が算定できました。

　ところが、実際に相続時に残っている財産を法定相続分（あるいは遺言で指定された相続分割合）で分けると、自分の得られる額が遺留分額を下回っているというときがあります。とんでもない話です。本来自分が民法によって保護されているはずの取り分を誰かが横取りしているのです。

　このときにいよいよ問題となるのが遺留分減殺請求（民1031）です。

　この用語も実はよくわかりにくい部分があります。「減殺」というのは、その言葉のイメージから、遺留分を侵害する原因となった財産処分（遺贈・死因贈与や生前贈与等）の一部ないし全部を削り取るイメージですが、「遺留分減殺請求」という言葉からはなにか遺留分自体を減じさせる権利行使であるかのように思えてしまいます。

　正確には「遺留分に基づく（遺留分を守るための）財産処分減殺請求権」と言ったほうがいくらかイメージしやすいはずですが、この点は、今回の相続法改正で「遺留分侵害額請求権」と名称が改められることになりました。

　つまらないことを書いてしまいました。

　遺留分減殺請求権行使のうえで、押さえておかなければいけない点を以下見ていくことにしましょう。

期間制限

　何をおいても一番に意識しておかなければいけないこと、それは遺留分減殺請求権の**行使期間の制限**です。これはまず「相続の開始及び減殺すべき贈与又は遺贈があったことを知った時から一年間」として時効期間が定められ、併せて**「相続開始の時から十年」**という除斥期間も定められています（民1042）。

「一年間」というのは短い期間です。特に相続においては、被相続人の死亡で葬儀や種々の届出、相続税の申告準備（あと相続人間での争い）などで、相続開始からの1年間などあっという間に過ぎてしまいます。

ただ、民法は「相続開始の時から一年間」ではなく、**「相続の開始及び減殺すべき贈与又は遺贈があったことを知った時から一年間」**というように定めています。これだけを見ると「そんな贈与（遺贈）があったなんて知らなかった」と言い続ければ、いつまでも減殺請求権の行使ができそうなようにも思われますが、ことはそう単純ではありません。

被相続人による贈与や遺贈・死因贈与の存在を知るのは、どのような場面ででしょうか。たとえば、遺言書の存在とその内容を知った場合もあれば、被相続人の過去の預金の動きを調べていて資金移動がわかったという場合もあるでしょう。不動産の登記簿を見て被相続人名義の不動産がある時点で他者に移されていることを知った、受贈者が現れて権利主張をしだして初めて死因贈与の存在を知ったといったケースもあるか

もしれません。

　こういった事情は、ある程度客観的な事実から特定することが可能かもしれません。ところが、要件としては「贈与又は遺贈があったことを知った時」ではなく、「減殺すべき贈与又は遺贈があったことを知った時」からとされていますから、単なる贈与や遺贈・死因贈与の存在を知っただけでは時効は進行を開始しません。「減殺すべき＝自分の遺留分を侵害する」贈与や遺贈・死因贈与の存在を認識した時点が起算日となるからです。

　贈与や遺贈・死因贈与の存在を知ったものの、それが自分の遺留分額を侵害しない程度だと誤解していた場合には、「知った時」にはあたらないとされます（これには、贈与等の価額が低いと思っていた場合もあれば、自分の遺留分額がそれによって侵害されるほどに大きくはないと考えていたという場合もあるでしょう）。

　このように、「知った時」には減殺請求権者の腹の中の事情が絡んでくるため、（相続人を横目に遺産全部が他人に遺贈されたといったわかりやすい場合でもない限り）それがいつであったかを捉えることは難しくなります。

　こういう事情もあり、具体的な相続財産総額（遺留分算定基礎額）や減殺請求権を行使する相続人の遺留分額の認識までが厳密に問題とされることは、実際の事件ではさほど多くはありません（これには、贈与の価額や相続債務の評価が容易にできる場合ばかりではないという事情も当然関係しています）。結果、遺留分減殺請求権行使の評価の段階で、この消滅時効の起算点がやや緩やかに解されること、より直接的に言えば、消滅時効が機能しにくくなることは少なくないのではないかと思われます。

　ですが、減殺請求権を行使する側からすれば、できる限り安全策、リスクのない方法を選ぶべきであり、これをしない理由もありません。起算点はさておき時効期間は１年と短いのです。

　減殺請求権を行使する側としては、自分の**遺留分を侵害するおそれがありそうな贈与や遺贈を発見した場合には、とりあえず受贈者、受遺者に向けて遺留分減殺請求権行使の意思表示をしておく**という対応が必要になるでしょう。今の遺留分のシステムを前提とすると、このような対応を不当とするだけの理由もなさそうです。

行使方法

遺留分と減殺請求権の趣旨はわかりました。

そうなると次に気になってくるのは、減殺請求権はどのようなものに対してどのように行使できるのか、という点です。権利が認められていたとしても、それを確保する手段がなければ意味がありません。

(1) 行使できる人

さて、遺留分減殺請求権は誰が行使できるのでしょうか。

そんなの遺留分権利者に決まっているじゃないかとなりそうですが、条文上は「遺留分権利者及びその承継人は」と定めています（民1031）。

なんでしょうかこの「承継人」というのは。

「承継人」という表現は抽象的ですが、まず遺留分権利者の相続人や包括受遺者といった**包括承継人は含まれる**と考えてよさそうです。これを否定してしまうと、およそ「承継人」というものが存在しなくなってしまいます。

減殺請求ができる遺留分権利者が減殺請求権を行使しないまま亡くなってしまった。この場合には、その相続人が減殺請求権を行使することもできますよ、ということですね。

さらに、この**「承継人」には、相続分を譲り受けた者のような特定承継人も含まれる**と考えられています。つまり、遺留分減殺請求権自体は帰属上の一身専属性は持たないということになりますが、これは極論すれば（実務ではほとんど見ませんが）遺留分減殺請求権そのものの譲渡も可能ということで、その譲渡を受けた者が行使できるということになります。

これは遺留分の近親者の生活保障的趣旨や性格を重視する立場からするとやや奇異にも思えますが、後に見るように、個別的な遺留分減殺請求権は**対象と数額が具体的に特定される**ので、通常の金銭債権と同じように考えるとさほど違和感はありません。

さて、帰属上の一身専属性が問題となる場面で、他に気になるのは行

使上の一身専属性はあるのかないのかということです。

これはたとえば、自分の債務者が無資力だけれど遺留分減殺請求権はもっているようだ、ところが、せっかくそれがあるのにその行使もしていないというときに、債権者が債権者代位権（民423）を使って、債務者の代わりに減殺請求権を行使して債権の回収ができるか、といった形で問題になります。

この点に関して判例は、遺留分制度の趣旨を「被相続人の財産処分の自由と身分関係を背景とした相続人の諸利益との調整を図る」ことにあるとしたうえで、遺留分権利者が、減殺請求権を第三者に譲渡するなど、**権利行使の確定的意思を有することを外部に表明したと認められる特段の事情がある場合を除き、債権者代位の目的とすることができない**と判断しています（最判平成13年11月22日・民集55巻6号1033頁）。

「身分関係を背景とした相続人の諸利益」というよくわかったようでよくわからない利益が引っ張り出されていますが、「諸利益」とあるこ

とからも、近親者の生活保障的側面ばかりが重視されるわけではないの
だということがわかります。

⑵ 行使の対象となる処分や人

① どのようなものが減殺請求の対象となるか

遺贈および**民法 1030 条に定められる贈与**が減殺の対象となるとい
うのが条文の定めです（民 1031）。

ここでいう贈与（つまり、遺留分算定の基礎として取り込まれる民法 1030
条の贈与）は、文字どおりの（生前）贈与だけでなく、寄附行為や無償
の債務免除・担保提供など、**およそ無償の処分と評価できるものが含
まれ得る少し広い概念**なのだということを思い出してみてください
（→ 215 頁）。

また、遺贈とありますが、ここでも**死因贈与**を除外する理由はあり
ません。**相続分の指定**（民 902）も、それが遺留分を侵害する結果とな
る限り減殺請求の対象となります。

② 特別受益となる贈与について

「特別受益となる贈与」が、その行われた時期・贈与当事者の認識を
問わずに遺留分算定基礎額になること、また、算定基礎額になるか否か
と減殺請求の対象となるか否かは別問題であることはすでに書きました
（→ 219 頁）。なお、この点は今次の相続法改正で取扱いが変わっていま
すが（→ 256 頁）、以下ではまずは現行法下の議論を。

減殺請求の対象については、減殺請求権を定めた民法 1031 条が「遺
贈及び前条に規定する贈与」と明示しているのですが、この「前条」（民
1030）に定められているのは単なる贈与の場合であって、実はここに「特
別受益となる贈与」は含まれていません。そんなわけで、今の民法（相
続法改正前の民法）では「特別受益となる贈与」について、「それは遺留
分算定基礎額に含まれますよ」とは書いてあっても（民 1044、903）、
減殺請求の対象になるかどうかについては言及していないのです。

この点、そもそも遺留分算定基礎額に含むとしながら、減殺対象から

除外する合理的理由がないとして、当然に減殺請求の対象となるんだという考え方が一つ。分かりやすい話です。

　単純に言えば、遺留分算定基礎額に算入するにもかかわらず減殺対象とならない贈与の存在を認めるということは、ちょっと考えればわかることですが、**遺留分侵害が生じているのそれを是正するための減殺対象が足りなくなる事態が生じ得るわけで**、これはこれで都合悪いわけです。

　そうかと思えば、「特別受益となる贈与」についても減殺の場面では民法1030条の「1年前より前か後か基準」を適用すべきとする考え方もあります。特別受益といっても、相続開始の半年前にされたものと20年前にされたものとでは、減殺を認めるべきか否かについて若干色合いが違ってきますから、あながちこの考え方も悪くなさそうに思えます。

　ここは判例がありまして、「民法903条1項の定める相続人に対する贈与（＝特別受益となる贈与）は、右贈与が相続開始よりも相当以前にされたものであって、**その後の時の経過に伴う社会経済事情や相続人など関係人の個人的事情の変化をも考慮するとき、減殺請求を認めることが右相続人に酷であるなどの特段の事情のない限り**、民法1030条の定める要件を満たさないものであっても、遺留分減殺の対象となるものと解するのが相当である」と明確に判断しています（最判平成10年3月24日・判タ973号138頁）。

　つまり、この判例によれば相当以前になされた特別受益としての贈与も原則として遺留分減殺の対象となり、減殺対象にならないのはかなり例外的な場合に限られるということができます。

　要するに、**特別受益となるような贈与を受けた相続人としては、それが相続開始の1年前より前か後かに関係なく、遺留分減殺請求権を行使されるおそれがあると考えておくべき**ということでしょうね。

　そして、すでに見たように、遺留分算定基礎額を考える際、過去の贈与は、贈与時ではなく**相続開始時点を基準に価額を評価**することになります（最判昭和51年3月18日・民集30巻2号111頁〔→221頁〕）。ま

た贈与ののち、受贈者の行為によって贈与の対象物の滅失や価値の増減が生じている場合には、相続開始時点で「原状のまま」であるものとみなしたうえで、相続開始時の基準で評価された額を基礎とすることになります（民1044、904）。

③ 持戻し免除の意思表示は遺留分減殺請求権を排斥できる？

さて「特別受益」でもう一つ。

特別受益ということは、被相続人による持戻し免除の意思表示（民903Ⅲ）があり得るところです。そこで、**被相続人がそのような持戻し免除の意思表示を遺言で、あるいは黙示に示していた場合に、そのような特別受益は遺留分算定基礎額から除いたり、あるいは減殺請求の対象から除外して考えることになるのでしょうか。**

ここも学説は分かれているのですが、この点についての判例（最決平成24年1月26日・判タ1369号124頁）の判断は、以下のように若干ややこしくなっています。

> 遺留分減殺請求により特別受益に当たる贈与についてされた**持戻し免除の意思表示が減殺された場合**、持戻し免除の意思表示は、遺留分を侵害する限度で失効し、**当該贈与に係る財産の価額は、上記の限度で、遺留分権利者である相続人の相続分に加算され、当該贈与を受けた相続人の相続分から控除される**ものと解するのが相当である。

ここでは、「特別受益に当たる贈与」ではなく、それについての「**持戻し免除の意思表示」が減殺の対象となる**という前提があり、しかもその場合、「遺留分侵害の限度で持戻し免除の意思表示が失効し、**その額が遺留分権利者の相続分に加算される**」という特殊な処理がなされることになります。問題となる贈与額を相続財産に組み入れるだけでは、それが相続人全員に分配されるだけで、結果として遺留分権利者の権利侵害状態を回復できないからというのがその理由です。

なお、実務家としてはどうしても財産の処分行為に目が行ってしまい、「持戻し免除の意思表示に対する減殺請求」という視点は見落としがちなところです。

この最決の事案の判決文でも、単に「相手方らに対し、遺留分減殺請求権を行使する旨の意思表示をした」という事実摘示しかなく、「持戻し免除の意思表示が減殺されることになる」という結論は裁判所による解釈の結果導かれたものです。
　この事例を見て、「テキトーに減殺請求の意思さえ示していれば、あとは善意に解釈してもらえるだろう」と考えるのか、あるいは「減殺請求の意思表示の対象についてより慎重になろう」と考えるのか、受け止め方は人それぞれかもしれません。

(3) 行使の相手方は誰？

　以上は減殺請求権行使の対象となる処分についての一般的な話ですが、では**誰を相手方とすべき**でしょうか。
　もちろん受遺者・受贈者やその他無償行為を受けた者を相手方とできるのは間違いないのですが、減殺請求権を行使したときにはすでに贈与・

遺贈の目的物が第三者に譲渡されてしまっていたという場合もあります。

こういった場合でも、遺留分権利者は直接の受遺者・受贈者に対して遺留分減殺請求権を行使するほかないのが原則です。

例外的に、遺贈・贈与の目的物の譲渡を受けた第三者（転得者）がその目的物の譲渡を受ける段階で、それが遺留分権利者の遺留分を侵害することを認識していたといった場合には、その者に対する減殺請求権の行使も可能です（民1040Ⅰ但書）。

また、遺贈・贈与の対象物が不動産や重要な動産であった場合、減殺請求権者は減殺請求権を行使することでこれらの目的物（資産）自体の返還を請求することも可能です。

もっとも、この場合でも、減殺請求を受けた受遺者・受贈者の側は、目的物の返還に代えて目的物の価額相当額を弁償することで、目的物自体の返還を拒むことができます（民1041Ⅰ）。このことは、転得者が減殺請求の相手方とされる場合にも同様ですから（民1041Ⅱ）、転得者の手元に目的物が現存するときでも、転得者の一存で、遺留分権利者は価額弁償で満足せざるを得ないケースが出てくるということです。

遺贈・贈与の目的物自体を返還するのか、それとも価額弁償で済ませるのかの決定権は受遺者・受贈者ないしそれらの者からの転得者に委ねられているのです。結局のところ、**遺留分減殺請求では、遺留分権利者の遺留分が数額的に満たされれば目的は達成される**ので、遺留分権利者に遺贈・贈与の目的物それ自体の返還請求権を認める必要がないわけです。

ここで、遺留分権利者の側から、目的物返還ではなく最初から価額弁償を求めることができるのか（遺留分減殺請求権を行使する者の価額弁償請求が認められるか否か）という問題があります。この点については学説でも見解の分かれるところです。

遺留分減殺請求の趣旨からすれば、価額弁償請求権を認めても差し支えないという考え方もあるのでしょうが、減殺請求の相手方が現物返還に応じる場合にまで遺留分権利者に価額弁償請求権を認める必要はないように思われます。

なお、議論の先取りになりますが、今回の相続法改正で、それまで物

権的な権利であった遺留分減殺請求権は、**遺留分侵害額請求権という金銭債権**に改められました（→ 256 頁）。

⑷　行使の順序と範囲

　いろいろなものが減殺請求の対象となり得ることがわかりました。

　では、**遺留分権利者はこの中から好き勝手に選んで減殺請求権を行使できるのでしょうか**。遺留分権利者の考え一つで強制的に取り返される人とそうでない人が分かれるのは何となく不公平な感じがします。

　たとえば、遺贈や死因贈与に供される財産が（被相続人が死亡した）まさに今、目の前にあるというのに、半年前に贈与を受けた人が強制的に利益を取り戻されてしまうというのはやや釈然としません。もう少し何かしら公平な決まりが必要です。

　そこで、民法は、減殺の順序・方法についていくつかのルールをおいています。

① 贈与と遺贈（死因贈与も含む）がある場合は、遺贈から減殺すること（民 1033）

　今（相続開始）から実現される遺贈や死因贈与と、それ以前に行われていた贈与とがあるときには、必ず後の遺贈・死因贈与から先に減殺するんですよ、それでも不足する場合に初めて過去の贈与についても減殺の対象とすることができるんですよ、というルールです。

　このルールの合理性はわかりやすいですね。相続開始後に現実化する遺贈や死因贈与をナシにすることで遺留分が確保されるのであれば、すでにとうの昔にもらった気になっている受贈者にわざわざ不利益を及ぼしてまでそれを取り返す意味も必要もないわけです。

　なお、**遺贈と死因贈与があるときは遺贈を先に減殺**します（→ 51 頁）。

② 複数の遺贈（死因贈与も含む）があるときは、被相続人の別段の意思が遺されていない限り、その目的の価額の割合に応じて、按分で減殺すること（民 1034）

　じゃあ、減殺請求の対象になる遺贈・死因贈与が複数ある場合はどう

するの？　という点について、遺贈・死因贈与の目的の額に応じて按分で減殺するんですよ、というルールです。

　たとえば、2,000万円の不動産の遺贈と1,000万円の預金の遺贈（別に死因贈与でもいいわけだけど）があり、遺留分が侵害されている額が300万円であるとすれば、不動産の遺贈について200万円、預金の遺贈について100万円の限度で減殺が認められるということになります。

　これは遺贈や死因贈与が複数ある場合についてですが、一つの遺贈で複数の財産を同時に処分している場合、たとえば遺贈は一つだけれどもそれによって処分する財産が複数あるときにはどうするかという問題があります。これについて民法は特に定めを置いていません。減殺請求の相手方が一人で対象財産が複数あるだけという場合には、どの財産についてどのように減殺を認めるかは、資産の内容や当事者の意思に影響されると考えられます。

　それに引き換え、贈与の場合は原則として合意の先後によって減殺の順序・対象が決まるため（民1035、以下③参照）、あまりこういった問題にはなりにくいのですが、それでも一度の贈与で複数の財産を処分しているケースや、同じ日に複数の贈与があってその先後が特定できない場合などには、同様に価額に応じた按分での減殺が認められると考えることになります。

③ 贈与が減殺の対象となるときは、後の贈与から順次前の贈与に対して減殺すること（民1035）

　遺贈・死因贈与を生前贈与に先立って減殺の対象とするのと趣旨的には近いところにあります。複数ある贈与について、その時期を問わずすべてを対象として按分で減殺を認めるのでは手間がかかりすぎますし、また必ずしも公平とも言えません。そこで、後の（つまり相続開始に近い）贈与から過去に遡る形で順次減殺の対象としていくというのが合理的です。

　このように、減殺の対象は未来から過去に必要に応じて遡っていくという形で公平性が保たれていますが、あくまでも**遺留分を保全するのに必要な限度**というのが金額的な限界となります（民1031）。

　100万円分の遺留分を確保するために1,000万円の遺贈や贈与全部

をナシにするというように、遺留分を超える部分の減殺を認める理由はないので、これ自体は理解も納得も容易です。

④ 受遺者・受贈者に無資力者がいる場合、そのリスクは遺留分権利者が負担すること（民 1037）

遺贈・死因贈与や生前贈与の金銭的評価が定まれば、以上の①〜③のルールによって減殺の順序や対象、金額も自ずから決まることになります。ところがここでもう一つ重要なルールがあり、それは**減殺の対象とされる者の無資力は遺留分減殺請求を行う者の側で負いなさいよ、ということ**です。

たとえば、侵害されている遺留分額が 100 万円あり、A に対する相続開始半年前の 100 万円の生前贈与、B に対する同 10 か月前の 50 万円の生前贈与があったとします。このとき、減殺請求の対象となるのは A への 100 万円の贈与のみであり、B への贈与の減殺を問題とする必要はありません。で、このときに A が無資力（100 万円をもらったあと、豪遊して支払い不能に陥り破産申立てをしたなど）で 100 万円を取り戻せなかったとしても、本来減殺の対象とならなかった B への贈与を新たに減殺の対象にすることはできないということです。

これは、遺留分の保護の度合いとしては低いと言えるかもしれませんが、少なくとも受贈者間での公平さは保たれているように思われます。

ここで、条文上は「減殺を受けるべき受贈者」となっているため、受遺者や死因受贈者、つまり遺贈・死因贈与の場合が除かれているようにも見えます。確かに、遺贈・死因贈与は相続開始後に初めて現実化するものであるため、そもそも遺留分侵害となる遺贈や死因贈与を否定して相続財産の流出を止めればよく、わざわざ受遺者・死因受贈者の無資力リスクを問題とする必要はないとも思えます。

しかし、減殺請求は当然に発現するものではないので、実際に遺留分減殺請求権を行使した時にはすでに遺言も死因贈与も実行されてしまっていたということはいくらでもあるわけです。ですから、遺贈や死因贈与についても、やはりこの無資力リスクの問題（民 1037）は妥当すると考えるべきでしょう。

また、負担付贈与、負担付遺贈については、受贈者（受遺者）はもらうばっかりではなくそれに対応した負担があるわけですから、減殺請求できるのもこの負担を控除した額に限られます（民1038）。

遺留分はなくせない？［遺留分の放棄］

以上に見てきたように、遺留分というのは原則として被相続人本人の意思によっても侵害できない相続人の（それなりに）強い権利ということが言えます。
ところが、この遺留分について、遺留分権利者が相続開始前に放棄する手続（民1043）が認められています。

「相続開始前の相続権の放棄（民915Ⅰ）は認められないが、相続開始前の遺留分の放棄（民1043Ⅰ）は認められる」、これは司法試験の民法択一試験レベルの重要な知識です。また、やや細かい知識ですが、遺留分全部の放棄のほかに、一部の放棄や特定の処分行為（贈与など）に対する減殺請求権だけを放棄することも可能とされています（ただ、実際にはそうそう目にすることはないでしょう）。

実務に目を向けると、「不義理をした不仲の子供にはどうしても財産を継がせたくない、ところが調べたところ遺留分というのがある、何とかしてその遺留分もなくせないか」という親からの相談の際に出くわすことが多い制度です。

そもそも相続開始後であれば、遺留分を行使（主張）するか否かは遺留分権利者の自由意思に委ねられており、家裁の許可も他人の承諾も一切不要なわけで、それにもかかわらず相続開始前に誰かの遺留分を失わせておきたいというのは、（廃除事由までは至らないものの）**それなりの事情がある場合**です。

この遺留分の放棄（民1043）について、押さえておきたい点は大きく分けて2つ。一つは、**家裁の許可が必要なのにこれがそうそう簡単に認められるものではない**ということ、そしてもう一つは、ある遺留分権利者の**遺留分の放棄が認められてもそれで他の遺留分権利者の遺留分が増えるわけではない**ということです。

といっても、二つ目のほうは条文（民1043Ⅱ）を読めばわかる知識で多言を要しません。問題はやはり一つ目のほうです。

先に書いたように「相続人となる誰かに財産を残したくない」というややネガティヴな状況で問題となることの多い遺留分の放棄ですが、これが認められるためにはいくつかのやっかいなハードルがあります。

まず、権利の放棄ですから、権利者自身が家裁に申し立てて行う必要があります。そのため、「財産を継がせたくない相続人（遺留分権利者）」自身と折り合いが悪いとき、遺留分権利者自身の放棄申立てを期待しがたいという問題があります。つまり、被相続人の一方的な思いで「遺留分をなくさせたい」と考えてもそれは叶わないことになるわけですが、これはそもそも遺留分という権利の本質に照らすと至極当たり前の話です。

では、遺留分権利者自身が一応納得して、真意から申立てをしたとして、問題なく遺留分の放棄が認められるかというと実はそうではありません。

裁判例が言うには「遺留分放棄が、遺留分権利者の自由な意思に基づくものであるかどうか、その理由が合理性もしくは妥当性、必要性ないし代償性を具備しているかどうかを考慮すべき」ということです（東京家審昭和54年3月28日・家裁月報31巻10号86頁）。

ここで特に要注意なのが「代償性」ですが、これは平たく言えば、**遺留分を失わせてもよいと言えるだけの財産的給付をすでにしているかどうか**ということです。

妥当性、必要性云々とありますが、実際にはこの代償的措置がかなり重要です。

遺留分放棄許可の申立てがあった場合、調査官が調査を行いますが、この代償的措置がない場合には、たとえ遺留分権利者の申立ての意思が強固でも、遺留分放棄申立ては却下されることが多くなります。

「遺留分権利者自身による申立てしか認められないんだから、代償的措置なんてそんなに強く要求しなくてもいいんじゃないのか」という疑問はたまに耳にします。しかし、被相続人となる者からの強い働きかけで、遺留分権利者が真意でない放棄申立てを強いられるというケースなんかいくらでも考えられるので、この代償的措置の要件は不合理とはいえません。

この代償的措置のハードルはそれなりに高く、たとえば、「被相続人が5年後に遺留分権利者に300万円の贈与をする」という贈与契約をしたうえでなされた遺留分放棄の許可申立てについて、将来その契約が履行されないおそれもある等として申立てが却下された事例があります（神戸家審昭和40年10月26日・判タ199号215頁）。

ところが、こういった代償的措置がつつがなく行われるためには、当事者間の関係が少なくとも険悪でないことが必要でしょうから、これができないほどに関係が悪化しているネガティヴなパターンの申立てではどうしても却下のおそれが高くなります。

また、遺留分放棄の許否の判断では、形式的な申立ての真意性（申立

　段階でほぼクリアできる）とは別に、**より実質的な遺留分放棄の真意性**が問われることが多くあります。

　先に書いたような、被相続人となる者からの働きかけによるパターン以外で多いのが、親に結婚を反対された遺留分権利者からの遺留分放棄許可の申立てで、しばしば**子の側から親子の縁を切る意思の表れとして利用されるケース**です。

　もっとも、このようなパターンでも「申立人が本件申立てをするに至った理由は両親からの結婚問題に関するかなり強度の干渉の結果といわざるをえない」等として、遺留分放棄の真意性に疑義があるとされ、申立てが却下されることが少なくありません（大阪家審昭和46年7月31日・判タ283号349頁等）。

　また被相続人となる者と遺留分権利者との関係が険悪であるという事情は、それ自体、遺留分放棄の真意性を疑わせる事情として捉えられがちです。

結局のところ、**遺留分放棄の相談を受けるポピュラーなパターンの多くでは、なかなか遺留分放棄が認められない**という事態が生じてしまうのです。

　ちなみに、遺留分放棄が認められた場合、元遺留分権利者はもはや放棄の撤回はできませんが、その許可審判を維持するだけの客観的合理性が失われたといえるような場合には、放棄許可の取消しを家庭裁判所に申し立てることができ、これは相続開始後であっても認められることがあります。

　もっとも、この遺留分の放棄許可の取消しは、裁判所の終局決定の職権による取消し（非訟事件手続法 59 Ⅰ）にあたり、職権発動を求めるものにすぎない（つまり、申立権に基づくいわゆる「申立て」ではない）ということは、知識として知っておく必要があります。

　また、**遺留分がなくなったからといって相続人たる地位がなくなるわけではない**、ということにも注意が必要です。たとえ遺留分の放棄が許可されても、それでその相続人の相続権がなくなるわけではありません（単に遺留分減殺請求ができなくなるというだけです）。

　相続人としては、相続権を放棄したり、あるいは相続債務の負担を避けようとしたりする場合、相続放棄（民 938）が必要になりますし、被相続人としても、その相続人に財産を残したくないという事情がある場合、他の者に財産を遺贈するなどの方策が必要になります。

③「相続させる」旨の遺言の考え方

[ややこしいけど避けられない]

さて、遺言相続を論じるうえで避けて通れないのが「相続させる」旨の遺言の解釈です。
「相続させる」という表現でありながら、特定遺贈（民964）として評価すべき場合もあるというのが理解をややこしくする要因となっているのですが、この点は判例の判断と併せてしっかりと理解しておきたいものです。

なぜ「相続させる」旨の遺言が生まれたのか

遺言をしたためる際、被相続人が特定の相続人に対して「△△を相続させる」という表現を用いることがあります。「遺産の◯割（◯分の1）をAに相続させる」という割合的な表現や、「土地甲をBに相続させる」というように特定の財産の処分について用いられるパターンなどが考えられます。

これらはもともと、昭和40年代の終わり頃より公証実務で用いられるようになったことで広まったと言われていますが、背景には、**特定の相続人に対する財産承継を遺贈ではなく相続として処理させたい**という思惑がありました。

これは、当時、遺贈よりも相続として処理されることに一定のメリットがあったと考えられたからです。
　前にも少し触れましたが、たとえば、不動産の承継をさせるとき、相続であれば登記権利者（受益相続人）の単独申請で相続を原因とする移転登記手続が可能であったり（昭和 47 年 4 月 17 日民事局通達→ 152 頁）、また農地の承継の場合、都道府県知事の許可が不要であったりといったメリットがありました（これらは遺贈の場合には認められていない処理です）。
　もう一つ大きな点として、遺贈よりも相続としたほうが登記手続時の登録免許税が安く済んだというものがあるのですが、現在は税率が同じであるためこのようなメリットはありません。
　とにかく、こういったメリットに着目して、特定の相続人に財産を承継させる旨の記載を公正証書遺言に記載する際、「相続させる」という表現が好んで用いられるようになったのです。

「相続させる」旨の遺言が物議を醸す理由

　この「相続させる」旨の遺言について、かつて、相続を原因とする財産承継を定めたもの（具体的には、遺産分割方法の指定や相続分の指定→ 13 頁）として捉えるべきか、遺贈と解すべきかという解釈の問題が存在したことは、よく知られているところです。
　「わざわざ『相続』の 2 文字を使っている以上、粛々と相続として処理すればよかったじゃないか」と考えてしまうと、この問題が発生した流れや理由の理解が難しくなります。
　「相続させる」という表現自体が、実利に着目してある意味便法的に使われだしたという経緯から、その額面どおりに受け止めるのはいかがなものかというのもそれなりに納得できる指摘です。そして、相続（遺産分割方法の指定）と考えるか遺贈と考えるかで、その効果はけっこう違ってくるので、この点はそれなりに重要な問題です。

そこで出された平成3年判例

　そして平成3年4月19日、この「相続させる」旨の遺言の解釈をめぐる論争に、ついに（少なくとも実務上は）一応の決着がつけられることとなりました。

　すなわち、最判平成3年4月19日（判タ756号107頁）は、遺言書において特定の遺産を特定の相続人に「相続させる」趣旨の意思が表明されている場合、**遺言書の記載から、その趣旨が遺贈であることが明らかであるかまたは遺贈と解すべき特段の事情がない限り**、遺贈ではなく、**遺産分割方法の指定（民908）と考えるべき**と判断しています。

> 遺言がなされた周辺の状況まで広げず、あくまで「遺言書の記載」が例外にあたるかの判断資料とされています。

　この判断の理由ですが、要するに、もともと相続権を有している共同相続人の一人について、わざわざ「〇〇を相続させる」という意思を遺言で表明しているのは、当該相続人に（他の共同相続人と共にではなく）単独で相続させようという意思があったからというのが当然の合理的な意思解釈だと言い切っています。個人的には、この説明だけで「遺贈でないこと」の決定的理由と言えるのかと少しひっかかるものを感じなくもないのですが、とにかくそういう判断が下されたわけです。

　ただ、この平成3年判例がユニークなのはここからです。

　ごく単純に考えると、遺贈ではなく遺産分割方法の指定ということになれば、被相続人が「こういう風に分けなさいよ」という意思を遺しただけの状態なので、さらにそれに従った遺産分割手続が必要になりそうな気がします。

　となると、共同相続人間での協議が整わなかった場合、せっかく自分に「相続させる」と遺言に書かれていたのに、財産取得手続が思うように進まず暗礁に乗り上げてしまうという事態が生じるんじゃないか、そう考えてしまいがちです。

　ところが、平成3年判例は、このような「相続させる」旨の遺言を

遺産分割方法の指定（民908）と捉えたうえで、同指定について、「当該遺言において相続による承継を当該相続人の受諾の意思表示にかからせたなどの特段の事情のない限り、**何らの行為を要せずして、被相続人の死亡の時（遺言の効力の生じた時）に直ちに当該遺産が当該相続人に相続により承継される**」としています。

　この判決がユニークに感じられるのは、遺産分割方法の指定であるとしながら、その一方で遺産分割協議は必要ないとしている点です。さて、その理由ですが、「（遺言で遺産分割方法の指定がなされた場合）他の共同相続人も右遺言に拘束され、これと異なる遺産分割の協議、さらには審判もなしえないのであるから、…（中略）…遺産の一部である当該遺産を当該相続人に帰属させる遺産の一部の分割がなされたのと同様の遺産の承継関係を生ぜしめる」からだというのです。

　ここの理由づけも、何となく降って湧いた感が強いのですが、とにかくそういう判断が下されたわけですね。

　以上のように、平成3年判例によって、**「相続させる」旨の遺言は原則として遺産分割方法の指定（民908）と解すべき**とされたわけです。ですから、たとえば特定の不動産について特定の相続人に「相続させる」という遺言があった場合には、相続人らの間で改めてそれに沿った遺産分割協議をする必要はありませんし、登記手続も受益相続人が単独で可能、農地の場合も知事の許可は不要ということになります。

　そして、この平成3年判例の理由づけのうち、気になるのは「共同相続人は逆らえないし、それと異なる審判もできない、それが遺産分割方法の指定（民908）でしょう？」という部分です。これは、遺産分割方法の指定自体のもつ性格について述べたものです。

　ですから、「相続させる」遺言の場合に限らず、遺産分割方法の指定がなされたケースでは、「何らの行為を要せずして、被相続人の死亡の時（遺言の効力の生じた時）に直ちに当該遺産が当該相続人に相続により承継される」ことになります。

「相続させる」旨の遺言と代襲相続について

けっこう大事なことなので、もう一つだけ。

平成3年判例により、「相続させる」旨の遺言は特段の事情がない限り遺産分割方法の指定（民908）と扱われることになります。遺贈ではないので、相手方（受益相続人）が被相続人より先に死亡した場合でも、直ちに指定が無効になるということはありません（民994Ⅰ参照）。

では、代襲相続が生じている場合も、この「相続させる」旨の遺言による遺産分割方法の指定の効果をそのまま認めてしまってよいものでしょうか。

被相続人が、せっかく「Aに甲土地を相続させる」旨の遺言を作成したのに、Aが先に死亡してしまった場合に、「相続させる」旨の遺言による遺産分割方法の指定の効果をそのままAの代襲相続人にも適用してよいのか、という問題です。

かつてこれを認める下級審裁判例もあったのですが（東京高判平成18年6月29日・判時1949号34頁）、最判平成23年2月22日（民集65巻2号699頁）では、「遺言者が、上記の場合には、当該推定相続人の代襲者その他の者に遺産を相続させる旨の意思を有していたと見るべき特段の事情のない限り、その効力を生ずることはない」として、原則としてこれを否定しています。

相続人のうち一部の者に特別に「相続させる」という指定（遺産分割方法の指定、民908）がされるのは、そのような特別扱いをするだけの理由があったからとみるべきです。もっとも、そのような特別扱いをさらにその子にまで及ぼすべきかはまた別の問題だということです。正直、原則と例外を逆に考えてもよいようには思いますが、基本的にこの平成23年判例の考え方は合理的だと思います。

相続人以外の者への「相続させる」旨の遺言

　公正証書遺言ではまずあり得ないことですが、相続人以外の者に対する財産の承継についても「相続させる」と書かれた遺言を目にすることが稀にあります。もっとも、こういった場合は、被相続人の意思を合理的に解釈すれば遺贈（民964）と解釈すればよいわけで、格別の問題は生じません。その内容によって、包括遺贈か特定遺贈かを考えればよいわけです。

　「包括受遺者は相続人と同一の権利義務を有する（民990）って言われてるから、『相続させる』って書いてもあながち的外れとも言えないかも…」みたいな余計なことを考える余裕がまだあります。

④ どうやって資産を移すのか

[遺言相続の財産移転]

　遺言相続の場合に、どのように財産を移すのかという点についても見ていきましょう。遺言による相続の事案では、財産の移し方の点でも先に見たような法定相続の場合と異なる部分があります。ここでも、遺言により財産を受ける相続人、受遺者の視点から、遺贈、相続手続それぞれの場合ごとに必要な手続・処理について確認しておきます。

預貯金資産

　被相続人名義の預貯金の凍結に至るまでの部分は第2章の法定相続の場合（→146頁）と同様です。
　そこで次に、遺言で「Aに○○銀行××支店の△△預金を相続させる」とされている場合を念頭に、預貯金の承継の具体的手続を見てみましょう。
　遺言による預貯金の処分といっても、その態様はさまざまです。
　たとえば、承継の相手方Aが法定相続人であることもあれば、それ以外の者であることもあります。遺贈（民964）であることがまず考えられますが、Aが法定相続人の場合には、遺贈ではなく遺産分割方法の指定（民908）と評価すべき場合も考えられます（→244頁）。

また、遺言執行者がいる場合といない場合があり、それぞれで手続・処理も異なります。

これらの場合について、預貯金の承継の手続を確認しておきましょう。

 ## 遺贈の場合

まず、預貯金が遺贈された場合です。

預貯金債権は指名債権であるため、特定遺贈、包括遺贈を問わず、本来、受遺者は金融機関に自分が預貯金債権を取得したことを主張するため、指名債権譲渡の対抗要件を備える必要がある、ということになります。

これは、譲渡人からする債務者（金融機関）への債権譲渡通知、または金融機関の承諾になりますが（民467Ⅰ）、実際は金融機関が個別の相続事案でいちいち承諾するということは考えにくいため、債権譲渡通知のほうを検討することになります。

この譲渡通知は、当然、譲受人ではなく譲渡人から行わなければなりません。とはいえ、遺贈で預貯金債権の譲渡が生じる場合、その時点で譲渡人（被相続人）はこの世にいませんから、譲渡人というのが観念できません。包括承継の場合に、「譲渡人」なんてものを観念しようというのがそもそもの間違いかもしれませんが、そんなことを言っても銀行はとりあってくれません。

この場合には、遺贈義務者（つまり遺言執行者あるいは被相続人の相続人）から債務者たる金融機関に対して債権譲渡通知を行うことで受遺者は債務者に対する対抗要件を備えることができます（最判昭和49年4月26日・民集28巻3号540頁）。

そこで、受遺者としては、**相続人あるいは遺言執行者に対して、金融機関への債権譲渡通知を行うよう求める**ことになります。そして、これは指名債権が相続財産となる場合一般について当てはまる処理です。

ところが、冒頭に「本来、」と書いたように、預貯金債権に限って言えば、現在の金融実務の取扱いは少し異なっており、必ずしもこういった債権譲渡通知がなされないまま処理されているケースが少なくありま

せん。これを譲渡の承諾があったと見るべきか否かは措くとして、大手銀行でも、検認済みの（あるいは公正証書になった）遺言の提示とともに受遺者から名義変更、払戻し等の請求があった場合、遺贈義務者からの通知がなくても手続に応じているところもあります。

　これは通常、遺言自体の記載内容、関係者の対応等も考慮した支店ごと、事例ごとの個別判断なので、**遺産の内容に応じて、事前に必要な書類、手続について金融機関に確認をしておいたほうがよいでしょう。**

　遺言執行者がいる場合にもとるべき手続はほぼ同様ですが、遺言書に遺言執行者の指定がなく家庭裁判所で選任された場合（民1010）には、遺言書のほかに選任審判書正本の提示を求められるのが普通です。

 相続手続の場合

　平成28年12月19日の最高裁決定（民集70巻8号2121頁）、平成29年4月6日の最高裁判例（集民255号129頁）により、共同相続された預貯金資産はいずれも遺産分割の対象となることになりました（→149頁）。

　また、**遺産分割による債権の取得については対抗要件の具備が要求される**ことから（最判昭和48年11月22日・金法708号31頁）、「相続させる」旨の遺言によって預貯金債権について遺産分割方法の指定（民908）がなされたと解される場合にも、本来は指名債権譲渡の対抗要件の具備（民467Ⅰ）が必要になるはずです。

　この場合も、遺贈の場合と同じく、他の相続人全員から、あるいは遺言執行者から債務者たる金融機関に対して債権譲渡通知を行って債務者に対する対抗要件を備えるべしということになりそうですが、実際に譲渡通知まで必要になるかどうかは事前確認をという点もこれまた同様です。

不動産

遺贈の場合

　遺贈の場合、**登記は遺贈義務者との共同申請が必要**です（不動産登記法60）。

　不動産について特定遺贈がなされたとき、遺言執行者がある場合には、同執行者は被相続人名義の不動産の登記を受遺者に移転しなければなりません。

　ですから受遺者としては、遺言執行者がいればその者に対して所有権移転登記手続を求め、いない場合には相続人（共同相続人全員）に対して、同様に所有権移転登記手続を求めて、共同で登記手続を行う、ということになります。

　ただし、受遺者が相続人の一人で、かつ、その者も含めた共同相続人による相続登記がすでになされている場合は少し処理が特殊になります。この場合、共同相続登記全体の抹消は理由がなく（受遺者である相続人については不実の登記ではない）、また、受遺者である相続人以外の相続人の相続登記だけを抹消するというのも実態にあいません。

　そのため、この場合には、遺言執行者は錯誤を原因として、**共同相続登記を、被相続人から受遺者である相続人への遺贈による所有権移転登記に更正する登記手続**を行うべきとされています（最判平成11年3月9日・判時1672号64頁）。

　他方、包括遺贈の場合、包括受遺者は相続人と同一の権利義務を有するものとされてはいますが（民990）、不動産の所有権移転登記手続には、やはり登記義務者との共同申請が必要です（不動産登記法63Ⅱによる単独申請は認められていません）。包括遺贈の場合も、特定遺贈と同様、遺言執行者がいれば遺言執行者に、いない場合には相続人（共同相続人全員）に遺贈を原因とする所有権移転登記手続を求めることになります。

相続手続の場合

　先に見たように、不動産について特定の相続人に対して「相続させる」旨の遺言がなされた場合、特段の事情がない限り、それは遺産分割方法の指定（民908）ととらえることとなります（場合により、相続分の指定〔民902〕を含む場合も）。

　そして、遺産分割方法の指定があるときは、**何らの行為を要せずして、被相続人の死亡の時（遺言の効力の生じた時）に直ちに当該遺産が当該相続人に相続により承継される**ことになり（最判平成3年4月19日・判タ756号107頁→244頁）、別途の遺産分割協議などは不要です。

　しかも、相続を原因とする所有権移転登記であるため、登記権利者である受益相続人が単独で登記手続申請が可能です（不動産登記法63Ⅱ）。このため、この場合には執行の余地がなく、遺言執行者はいようがいまいが受益相続人側の処理には関係ありません。

第3章 相続開始後の道 [遺言相続編]

付録
民法改正が〝相続法〟にも

改正相続法を押さえよう

[変わったものは仕方がない]

ここまでは現行の民法を前提に見てきましたが、幸か不幸か、民法の相続法分野で結構な改正が行われました。

私のように法曹界の端に位置している者にとってみると、今回の相続法改正は債権法の改正に比べて、話が持ち上がってからのスピードが極端に速かったような気もしますが、かなり実務に影響が大きい内容が含まれていることもあって、見て見ぬフリはできません。

そこで、平成30年7月13日に公布された新法をもとに、改正の内容をザッと見てみましょう。

なお、今回の改正項目は、あとにみる「配偶者居住権制度」、「自筆証書遺言の様式性の一部緩和」「自筆証書遺言保管制度」、「特別の寄与等」の一部を除き、2019年7月1日から施行されることが決まりました。

遺留分制度の全面的な改定

まず何より先に触れておかなければならないのは、**遺留分制度の大幅な見直し**です。

これまでの制度では、遺留分減殺請求権の行使（現民1031）は物権的

効果が生じるものとされていました。

　このために、ひとたび遺留分減殺請求権が行使されると、遺贈された不動産や有価証券等の承継手続もストップしてしまうことになり、そこから長い長い相続争いが始まってしまう原因にもなっていたのです。減殺対象となった財産に共有状態が生じるため、受遺者・受贈者と遺留分権利者との間で、共有物分割請求訴訟にまで発展することも珍しくありませんでした。

　減殺請求の対象が被相続人の行っていた事業のための資産や株式に及ぶ場合には、相続争いが会社支配権争いにまで発展し、相続人や相続債権者のみならず、会社の従業員や取引先、他の株主にまで影響を及ぼし、事業継続自体に多大な支障を生じさせることもあり得ます。

　これは、わが国経済の発展のため事業承継の重要性が叫ばれている昨今の時流に、まったく正対する悲しい事態です。

　また、遺留分権利者も「お金で払ってくれたらそれでいい。不動産の共有持分や中途半端な株式をもらっても困る」という場合は多く、審判や調停でも金銭解決を内容とする和解条項、調停条項はこれまでもよく利用されてきました。

　そこで、今回の改正では、物権的効果を有する遺留分減殺請求権を、「遺留分侵害額請求権」（新民1046Ⅰ）という**金銭請求権**に改め、金銭での解決をデフォルトに定め直しています。個人的には、この遺留分制度の改変が今回の相続法改正における最大のポイントだと感じます。

　また、物権的請求権でなくなったこととの関係でしょうか、従前の条文にあった「遺留分に関する規定に違反することができない」「遺留分に関する規定に違反しない範囲内で」といった表現（現民902、903Ⅲ、964）は軒並み削除されています。

　「遺留分減殺請求」という、どこか物騒で日本語的にもよくわからない気持ち悪いことこの上ない表現（→ 224頁）が改められるというのも喜ばしいことです。

　遺留分侵害の解消について、原則としてお金の話だけをすればよくなった（お金の話しかできなくなった）という点は、ムダで不毛で消耗する共有物分割の裁判をしなくてよくなるという意味で、遺留分権利者に

とっても、請求を受ける側にとっても、また裁判所にとっても好ましいことかもしれません。

われわれ実務家としては、「遺留分侵害額請求権」という呼称にいち早く慣れる必要がありそうです。

遺留分に関して政策的な観点から改められた部分もあります。

現行の制度では、遺留分算定の基礎に算入する贈与は原則として相続開始前の1年間にしたものに限られ、贈与の当事者双方が悪意の場合に例外的にそれ以前に遡るものとされています（現民1030）。他方、相続人に対する特別受益となる贈与については期間制限無く、相当程度以前のものでも遺留分算定の際に考慮されるものとされていました（→217頁）。

ところが、今回の改正では、一般的な「相続開始前の一年間」のルールは維持されているものの（新民1044Ⅰ）、遺留分算定の際に算入される「特別受益となる贈与」は「相続開始前の十年間にしたもの」に限られる旨、条文上で明記されました（同Ⅲ）。これまで、大昔の（本当にあったかどうかもあやふやな）贈与をめぐって遺留分の争いが紛糾することが少なくなかったところ、改正法によって一定の歯止めがなされたものです。ただし、法定相続分から控除される特別受益となる贈与（新民903）について格別の期間制限が設けられていない点は、改正前と変わりありません。

要するに、改正法では、相続人の誰かが被相続人から特別受益を得ていたとしても、それが相続開始前10年よりも以前のものであった場合には、原則として遺留分の算定基礎に取り込めなくなったということです。このため、遺留分の範囲は理論的、抽象的には減少したということになります。

この場合も贈与当事者双方が遺留分権利者の損害発生について悪意の場合は10年より前に遡って遺留分算定基礎額への算入が可能ということになりますが、贈与後10年以上の長期間にわたって相続財産の変動がほとんどないといった稀なケースでない限り、問題となる場面は少ないように思われます。

なお、権利の性格や名称は大きく変わりましたが、行使期間（1年の消滅時効と10年の除斥期間）には変更はありません（新民1048）。

配偶者居住権（長期・短期）の新設

次に触れておくべき点はやはり**配偶者居住権の新設**です。

「不法占拠でも、住み始めると『居住権』があるんじゃないんですか？」という、これまでよく法律相談で耳にした、得体の知れない「居住権」とは違います。

一言でいうと、配偶者居住権は、**生存配偶者の建物の居住利益を保護するために**新たに定められたものです。

配偶者居住権には、普通の「配偶者居住権（新民1028）」と「配偶者短期居住権（新民1037）」があります。講学上、「長期居住権」という場合は、前者を指します。

この配偶者居住権制度は、2020年4月1日から施行されることが決まりました。

この2つは、「居住権」という名称や生存配偶者の居住利益への配慮という趣旨は共通しています。ところが、長期居住権が遺産分割や遺言で相続人あるいは被相続人が選ぶことができる選択肢の一つであるのに対し、短期居住権は一定の事情があれば被相続人の意思に反しても当然に発生する権利であるというように、**配偶者の居住利益保護のアプローチが大きく違う**点で差異があります。

せっかく鳴り物入りで導入された制度なので、一応丁寧に見ておきましょう。

配偶者居住権（長期居住権。新民1028）

配偶者が、相続開始時に、被相続人所有の建物（遺産建物）に居住していたというケースで、**遺産分割で定めた場合**（新民1028 Ⅰ①）あるいは**長期居住権を遺贈する旨定められた場合**（同②）に「その建物の全部について無償で使用及び収益をする権利」（＝配偶者居住権）を取得します。遺贈が認められることからすると、死因贈与（民554）でも長期居住権が生じると考えるに問題はなさそうです。

また、遺産分割には審判による場合も含まれるので、共同相続人間ですでに合意が成立している場合や、生存配偶者から取得の希望があり特にその必要があると考えられる場合などには、**家庭裁判所が生存配偶者に長期居住権を取得させる旨審判で定めることもできます**（新民1029）。

　ただし、そもそも対象となる遺産建物が被相続人と「生存配偶者以外の者」によって共有されていた場合は、長期居住権取得の対象から除かれています（新民1028Ⅰ但書）。

　「使用及び収益」とあるように、「処分」の権限はありません。単に住めるだけです。

　では、このような「無償で住めるだけ」の長期居住権を創設することには、どういった狙いがあったのでしょうか。

　長期居住権では、**遺産建物の所有と使用収益とが分離**することになりますが、まさにそこに主眼があります。

　これまでも、遺産建物に生存配偶者が居住しているというケースでは、多くの場合、生存配偶者に遺産建物の所有権を取得させる形での分割協議や審判が行われてきました。これ自体は自然なことなのですが、普通、遺産建物の所有権それ自体の評価額や遺産全体に占める割合は大きいわけです。そのため、生存配偶者は遺産建物を取得することにより、現預金などの資産の取得額が減り、結果として生存配偶者の生計維持の上で支障が生じるというケースが一部にありました。

　長期居住権を設定することにより、遺産建物の価値は「長期居住権の価値」と「その負担のある建物所有権の価値」に分かれ、生存配偶者が居住利益を保護される際のその価値が「圧縮」されます。結果として、長期居住権を取得して居住が保護された生存配偶者は、遺産建物全体を取得する場合よりも多くの現預金等の資産を取得できるようになるという寸法です。

　この配偶者居住権は、原則として配偶者の終身（つまり生きている間ずっと）続くとされ（新民1030）、遺産建物を取得した者は配偶者居住権の設定登記を備えさせる義務を負い、これが配偶者の第三者対抗要件となります（新民1031）。

配偶者短期居住権 (新民1037)

　これに対し、短期居住権は、**相続開始時に生存配偶者が遺産建物に無償で居住していた場合に、一定期間だけ生存配偶者に無償で遺産建物を使用・収益させる権利**です。

　これは、相続の態様によって異なり、①遺産建物を含めた遺産分割を行うべき場合にはそれが終了するまでの間または相続開始から6か月後のいずれか遅いほう、②それ以外の場合（たとえば、遺産建物が特定遺贈の対象となっているとき）には、遺産建物の取得者が配偶者短期居住権の消滅の申入れ（＝要するに、出て行って欲しいという通知）をした時から6か月を経過する日までの間、とされています（新民1037Ⅰ、Ⅲ）。

　先に見た長期居住権（新民1028）と違って、どれだけ長くかかっても遺産分割が終わる時（あるいは遺産建物取得者からの申入れから6か月後）には終了させられるという点で、「短期」と名づけられたものです。

　もともと遺産建物に「無償で」住んでいた場合が前提となっているので、（考えにくいことですが）生存配偶者が賃料を払うなどして住んでいた場合はこの短期居住権の対象外です。その場合は、生存配偶者はもともと有している賃借権で引き続き居住することが可能だからと考えられます。また、生存配偶者が長期居住権（新民1028）を取得する場合も、この短期居住権は認められません（新民1037Ⅰ但書、1039）。これも短期居住権をわざわざ認める必要がないからですね。

　それから、生存配偶者の欠格（民891）、廃除（民892）の場合も除かれています（1037Ⅰ但書）。

　夫婦間で配偶者の所有している建物に住むという場合、無償で住ませてもらうのと有償で住ませてもらうのと、果たしてどちらのほうが住ませてもらう側の立場が強いのか、少し悩ましいところです。

配偶者居住権、配偶者短期居住権のポイント

　いずれの居住権も、残された生存配偶者にそれまで居住していた遺産建物に無償で居住する権利を与えるというものですが、両者には効果の上でもう一つ大きな違いがあります。

　短期居住権では、生存配偶者が遺産建物を無償利用する利益を相続財産の取得としては評価されないのですが、長期居住権は長期間に及ぶ蓋然性が高く権利としての価値も大きいため、その権利の取得は配偶者の具体的相続分算定において考慮されることになるはずです（先にも書いたように、長期居住権自体、具体的相続分算定の際の評価を前提に創設された権利とも言えるのです）。ただし、現時点（平成30年11月）では、長期居住権やその負担のある所有権の評価方法については検討が続けられている段階で、まだ定まっていません。

　と、ここまで配偶者居住権の新設について触れてきましたが、このトピック、実務家の間ではイマイチ盛り上がりに欠けているように感じられます。

　その理由ですが、そもそも実際に相続事件を処理していて、このような生存配偶者の居住の利益保護が必要になる場面がさほど多くはないからかもしれません。

　われわれ実務家が関わるのは、何かしら遺産の分け方で揉めている事案ではあるのですが、そのような場合でも遺された父・母に住んでいた家から出て行ってもらいたいというところまで対立が先鋭化するケースはさほど多くはないように思われます。

　確かに平成8年12月17日の最高裁判例（民集50巻10号2778頁）では、「相続開始後も引き続き同居の相続人に遺産建物を無償で使用させる旨の合意があったものと推認される」とされましたが、これもそもそも配偶者の居住利益にフォーカスした事案ではありませんでした。

　そのため、「高齢化社会の進展に伴い、配偶者の居住権を保護する必要性は高まっているものと考えられる」という法務大臣の諮問や法務省

民事局の指摘に何か腑に落ちないものを感じてしまうのです。

　とはいっても、世の中にはいろいろなケースがありますから、私個人は「まあこういった制度もあると多分便利なのだろうな」と納得することにしました。

自筆証書遺言が少しだけ簡単に！
法務局保管制度始まる。

　第1章で見たように、情報通信技術やパソコン、携帯端末が普及したこの現代にあっても、民法は自筆証書遺言作成において、**遺言者自身が全文・日付・氏名を自署し、かつ押印しなければならない**と定めています（新民968Ⅰ）。自筆で遺志を遺そうとする者に**修験者のようなストイックさ**を要求するところは間違いなくわが国の民法の奥深さの一つではありますが、今回の改正でこの点が少しだけ緩和されました。

　自筆証書遺言に財産目録を添付する場合（添付しない場合というのはそうそうないと思いますが）、その目録は「自書することを要しない」とされたのです（新民968Ⅱ）。つまり他人が代筆することも条文上は可能だということになりますが、自書性の緩和が財産目録に限られているところに何らかの意味がありそうです。要するに「財産を羅列するときは手書きは大変だろうから表計算ソフトや通帳のコピーを使ってもいいよ」ということでしょう。

　そして、この自筆証書遺言の様式性の一部緩和は、今回の改正法の項目の中で最も施行日が早く、平成31（2019年）年1月13日に施行されることとなっています。

　これで財産目録は自書しなくてもよくなるわけですが、その**すべての頁に遺言者が署名押印**をしなければなりませんし（新民968Ⅱ）、自書していない財産目録部分でも加除訂正には従前どおり、訂正箇所の指示等と署名押印というちょっとめんどくさい手続が必要です（同Ⅲ）。

　要するに、自筆証書遺言のうち財産目録という一部分だけ要件が緩和

されたわけで、「あまり財産のない人にとってはほとんど意味がないじゃないか」とも思えますが、これまでの自筆証書遺言の高いハードルがほんの少し下がったという意味では大きな一歩です。

とはいえ、やはり私は公正証書遺言（民969）を勧めます（→28頁）。

この「目録については自書でなくてもよい」という今次改正法の目玉（?）の条文（新民968Ⅱ）ですが、なぜか秘密証書遺言では準用されていません（新民970Ⅱ参照）。ぼんやりしている私は、つい「なぜなんだろう？ 秘密証書遺言でも表計算ソフトの目録を認めてもいいじゃないか」と2分ほど黙考してしまったのですが、みなさんもヒマがあったら考えてみてください。

さて、自筆証書遺言に関してもう一つ、**法務局における自筆証書遺言の保管制度の新設**は、今回の相続法改正で注目しておくべき点かもしれません。これは正確には既存の法律の改正ではなく「法務局における遺言書の保管等に関する法律（遺言書保管法）」という新法の制定という形で定められ、2020年7月10日から施行されます。

具体的な制度としては、法務大臣の指定する法務局が遺言書保管所としての業務を行い、そこでは**遺言書保管官という（冗談のような名前の）官吏が管理を司る**という建て付けになっています（遺言書保管法2、3）。

この制度では、自筆証書遺言であれば無条件に保管してくれるという形ではなく、遺言者が保管官に保管の申請をする際に「法務省令で定める様式に従って作成した無封のもの」（同4Ⅱ）になっているかどうか等を審査するというタテマエです。また、申請に際しては、遺言者自らが遺言書保管所に出頭し（同4Ⅵ）、自分の生年月日や遺言書の作成日付、受遺者、遺言執行者の氏名・住所などを記載した申請書を提出しなければなりません（同4Ⅳ）。

なるほど、ここまですれば、自筆証書遺言でも、様式不備や作成の真否をめぐって争いになることはかなり減るかもしれません。しかし、この保管制度の利用では、**従来の自筆証書遺言の持っていたある意味の「お手軽さ」がまったくない**ので、これまで自筆証書遺言を作成してきたような遺言者層（そういう層があるならば、ですが）にどれだけ浸透するかは未知数です。

付録 民法改正が"相続法"にも

結局のところ、どこまで行っても自筆証書遺言は自筆証書遺言なので、やはり私は公正証書遺言（民969）を勧めたいところです（→ 28頁）。

長期婚姻夫婦での不動産贈与に持戻し免除の意思表示を推定

　これも結構大きな改正ですが、特別受益の民法903条に、「婚姻期間が二十年以上の夫婦の一方である被相続人が、他の一方に対し、その居住の用に供する建物又はその敷地について遺贈又は贈与をしたときは、当該被相続人は、その遺贈又は贈与について第一項の規定（※特別受益の持戻し）を適用しない旨の意思を表示したものと推定する」とする第

4項が新設されます。

　あくまでも「推定する」なので、贈与・遺贈後の不動産の利用状況や夫婦関係なんかを主張してこの推定を破ることは理論的には可能です。

　さて、「いつの時点で20年経っていればいいの？」というところが、この条文の書きぶりからは少しわかりにくく、改正法の要綱案を遡って見てみてもはっきり書かれていません。ただ、「婚姻期間が二十年以上の夫婦の一方（が）…（中略）…遺贈又は贈与をしたとき」という表現、それから「20年くらい連れ添ってる夫婦だったらそういった自宅建物についての特別の思いやりがありそうじゃない？」ってところに根拠があるんだろうなという常識的な判断から、「建物又は敷地の贈与をした時点、あるいはその遺贈を内容とする遺言をした時点で、婚姻期間が20年に達している」必要がありそうです。

　つまり、結婚5年目に夫が妻に自宅建物を贈与した後、長期間経過後に夫が死亡し、その時点で結婚から20年が経過していた、っていう場合は、形式的にはこの4項の適用はないと考えるべきでしょう。その場合も、「結婚当初に自宅を贈与して、しかもそのあとずーっと仲睦まじく夫婦として暮らしてきたんだから」ってことで、黙示的な持戻し免除の意思表示（民903Ⅲ）は問題になり得るわけですが。

相続で取得した財産でも法定相続分を超える部分は対抗要件具備が必要

　相続による権利の承継について、「遺産の分割によるものかどうかにかかわらず」法定相続分（民900、901）を超える部分につき、登記、登録その他の対抗要件を備えなければ第三者に対抗できない旨を明示する、「共同相続における権利の承継の対抗要件」（新民899の2）という条文が新設されました（同Ⅰ）。

　この「登記、登録その他の対抗要件を備えなければ」というのは、承

継される財産が不動産や車両等である場合（物権の場合）を主に意識した定めです。

また、承継される権利が債権である場合についても、相続分を超えて債権を承継した共同相続人が「遺言の内容（または遺産分割の内容）を明らかにして債務者にその承継の通知をしたとき」は、共同相続人の全員が債務者に通知をしたものとみなすものとされ、債権承継に関する通知について特別の方式が定められています（同Ⅱ）。

さて、どうしてこのような定めが、新たに条文を一つ設けてまで明記されるようになったのでしょうか。一見するとパッとしない、実に地味な条文です。

遺産分割や遺贈によって権利の承継がなされるとき、第三者との競合の調整は登記や登録の先後で決されるのが普通ですが、これがいわゆる「相続させる」旨の遺言で財産の承継が行われる場合には、財産取得者である相続人は登記や登録無くして第三者に対抗することができるというのが判例の態度でした（最判平成5年7月19日・集民169号243頁等）。

ところが、この考え方を貫くと、「相続させる」旨の遺言で財産承継がなされた場合、登記や登録といった対抗要件（的なもの）の具備の先後を問わず、常に相続債権者が財産取得者（相続人）に劣後してしまうことになります。これでは、「後だしジャンケン」ですらありません。

これは、遺言の内容を知り得ない相続債権者等にはいささか酷な話ですし、登記・登録や強制執行制度に対する信頼も害するおそれがあります。

そういった不都合を払拭するために、いわゆる「相続させる」旨の遺言による財産承継の場合も含めて、「登記、登録その他の対抗要件を備えなければ」（新民899の2）とルールが改められたわけです。

ちなみに、講学上用いられてきた「相続させる」旨の遺言ですが、今回の改正で「遺産の分割の方法の指定として遺産に属する特定の財産を共同相続人の一人又は数人に承継させる旨の遺言（略して**「特定財産承継遺言」**）」という正式（？）な名前が与えられました（新民1014Ⅰ）。なかなか良い表現だと思いませんか。

ここに関連して、「相続分の指定がある場合の債権者の権利の行使」（新民902の2）という条文も新設されます。これは、相続債務の債権者は

相続分の指定（新民902）があったときでも、法定相続分に応じた割合で共同相続人に対して権利行使ができることを明示する条文です。ただし、債権者がわざわざ共同相続人の一人に対して指定された相続分に応じた割合での債務の承継を承認したときはこの限りでない、とされています。

　いままで条文はなかったけれども当然のこととされていたものが、改正を機に明記されたというところでしょうか。

遺産分割前の遺産処分について

　相続開始後、遺産分割前に一部の相続人により財産が処分されてしまった場合、これまでは不法行為や不当利得といった民事訴訟手続での回復を検討しなければなりませんでした。典型例が、相続開始後の預貯金の引出しですが、引き出した者は特定できてもその使途や適否をめぐって争われると、民事訴訟で十分な救済を得ることは難しく、事実上、密かに処分した者が有利となる結果になっていました。

　そこで改正法では、**一部の相続人が不当に預貯金出金等の処分をした場合でも、残余の相続人が同意すれば、「その処分された財産が遺産の分割時に遺産として存在するものとみなすことができる」**と定められました（新民906の2）。

　条文の書きぶりとしては、原則として共同相続人全員の同意が必要（同Ⅰ）としながら、財産処分をした共同相続人についてはその同意は不要（同Ⅱ）とされています。

　そして、これにより相続開始後の預金引出しといった問題で生じる不公平が是正され、「不当に出金した者勝ち」に近いこれまでの状態が改善されることが期待されます。

相続人以外の親族に認められる
金銭請求権、「特別寄与料」

　①相続人以外の被相続人の親族で、②被相続人に対して無償で療養看護その他の労務提供を行った者は、③それによって被相続人の財産の維持・増加に「特別の寄与」をしたといえる場合には、相続の開始後、相続人に対してそれに応じた金銭を支払うよう請求することができるとされました（新民1050）。「特別寄与料」の新設です。

　新しい制度ではありますが、さほど語感に違和感がないのは寄与分の「特別の寄与」（民904の2Ⅰ）と内容的にも音的にも共通する部分があるからでしょうか。特別寄与料を請求できる者を「特別寄与者」といい（新民1050Ⅰ）、この名前も実態に適っています。

　たとえば、被相続人の子の配偶者が義理の親である被相続人の看護や介護を行っていたといったケースは決して珍しくはありません。このような場合でも、現行の制度では、被相続人の相続人でないため寄与分（民904の2）が認められません。

　このため、そのような親族の療養看護を被相続人の子（＝相続人）の寄与と評価して寄与分を認める裁判例もありますが（東京家裁平成12年3月8日審判・家裁月報52巻8号35頁）、自分自身では療養看護をしていない子に寄与分を認めることの違和感があったり、またすでに子が死亡している場合（残された子の配偶者が義理の親の世話をしている場合など）には寄与分がとれなかったりという問題がありました。

　そこで、「相続人以外の者の貢献を考慮するための方策」として今回の改正で取り入れられたのが、療養看護に努めた非相続人である親族の「特別寄与料」の制度です（新民1050）。

　今回の改正内容の中でも、かなり意義の大きい項目ではないかと思います。

　注意しておくべき大きなポイントは、「被相続人の親族」には相続人や相続放棄をした者、欠格（民891）、廃除（民892）等で相続権を失っ

た者は含まれないこと（新民 1050 Ⅰ）、相続人との間で支払いについて協議が整わないときは、相続開始・相続人を知った時から 6 か月以内（かつ相続開始の時から 1 年以内）に家庭裁判所に「協議に代わる処分」を請求しなければならないこと（同Ⅱ）です。

遺言執行者の権限の明確化

　遺言執行者の権限がより明確に定められ（新民 1012 〜 1015）、また復任権の要件が若干緩和されることとなりました（新民 1016 Ⅰ・Ⅱ）。

　現行法では、遺言執行者がいる場合には、相続人は「相続財産の処分その他遺言の執行を妨げるべき行為をすることができない」とされており（現民 1013）、やむを得ない事由がある場合でない限り復任権（旧民 1016 Ⅰ）は認められず、この場合、遺言執行者は復代理人選任時と同様の責任を負うこととされていました（同Ⅱ、民 105）。

　ところが、遺言執行者の立場に関しては、「相続人の代理人とみなす」（現民 1015）という簡素な条文が置かれているだけで、民法上もその位置づけがあまり明確ではなかったため、無用の議論を呼ぶ原因にもなっていました。また、これまで遺言執行の場面で、遺言執行者と相続人のいずれに当事者適格があるのかが問題とされることも多くありました。

　それもこれも遺言執行者がどういう権限・立場を有しているのかという点が、法文上、明確に読み取りにくい状態になっていたことと無関係ではありません。時として相続人と対立する立場に立たされることもある遺言執行者としては、これはかなりやりにくいことです。

　改正法では、まず遺言執行者が、その権限内で遺言執行者であることを示してした行為が、「相続人に対して直接にその効力を生ずる」旨明記されています（新民 1015）。これまでの、「相続人の代理人」という表現は、ややもすると「相続人の利益のために業務を行う」というニュアンスに受け取られかねなかったわけですが、それが改められました。

また、「**遺言執行者がある場合には、遺贈の履行は、遺言執行者のみが行うことができる**」とされ（新民1012Ⅱ）、これに反して行われた相続人の行為が無効となることも明記されました（新民1013Ⅱ。ただし、善意の第三者には対抗できません）。

　そのほか、遺産分割法の指定（民908）があったときの共同相続人への対抗要件（新民899の2）を備えさせる権限（新民1014Ⅱ）、預貯金債権の払い戻し・解約の権限（同Ⅲ）なども定めが新設されました。

　復任権についても、「自己の責任で」と責任は加重されたもののいつでも行うことができるようになり（新民1016Ⅰ）、復任権を行うについてやむを得ない事由がある場合には、従前どおり、遺言執行者はその選任・監督についてのみ責任を負えば足りることとなりました（新民1016Ⅱ）。

　遺言執行者については、今回の改正で、これまで解釈・運用として認められてきた部分や位置づけが明確化されたほか、復任権行使の要件見直しなどフットワーク面でも少し改善が図られたといえます。

遺産分割前でも預貯金が使える!?　仮払制度の創設

　先の最高裁判例（最決平成28年12月19日・民集70巻8号2121頁）もあり、共同相続人は遺産分割未了の状態で相続財産に属する預貯金債権を単独で払い戻したり、解約したりすることはできませんでした。

　しかし、被相続人が亡くなったことで、残された家族の当面の生活費がどうしても必要だという場合はありますし、それ以前に、葬儀費用に充てるためまとまったお金がいるのに、相続人らが立て替えるだけの余裕がないということもあるでしょう。遺産分割が終了するまでお葬式を延期するということも聞いたことがありません。葬儀費用以外にも、とりあえず払っておかなければならない相続債務というものは意外と出てくるものです。

そこで、一部だけ、遺産分割前でも共同相続人各自が権利行使できるようになりました。

　その範囲ですが、まず遺産に属する預貯金債権の相続開始時の残高に3分の1を掛け、その部分に各共同相続人の法定相続割合（民900、901）を乗じた額（ただし、法務省令で定める額が上限となります）について、単独での権利行使ができるものと定められました（新民909の2）。この算定プロセスは個別的遺留分額の算出に少し似ています（→222頁）。

　これは、当然、相続財産の一部の先渡しと見るべきものなので（同後段）、この権利を行使した相続人は相続を単純承認したものと扱われます（民921①）。

　さて、「預貯金のうち相続分の3分の1に相当する部分は遺産分割前でも単独で権利行使できるよ」と言われても、現実に金融機関窓口で「相続人全員の同意を取ってこい」と言われるのでは絵に描いた餅もいいところです。実効性がありません。

　このあたりの具体的な権利行使の手続については、今後、実務的な整備が行われるはずです。

　以上は、家庭裁判所の関与しない形での預貯金資産の分割前利用に関する制度ですが、これとは別に、今回の改正では、預貯金債権についての家庭裁判所の仮分割仮処分の要件緩和（新家事事件手続法200Ⅲ）や相続財産の一部に限定した遺産分割請求の新設（新民907）等も定められています。

付録 民法改正が〝相続法〟にも

■著者紹介

中村 真 （なかむら・まこと）

2000 年　神戸大学法学部卒業

2003 年　弁護士登録

2014 年　神戸大学法科大学院講師（ローヤリング）

2015 年　経済産業省中小企業庁・経営革新等支援機関認定

　　　　　神戸簡易裁判所民事調停官

2018 年　中小企業診断士登録

◗ブログ：http://nakamuramakoto.blog112.fc2.com/

【主要著書等】

・『要件事実入門』〔マンガ〕（創耕舎）2014 年

・『交通事件処理マニュアル（新版補訂版）』〔表紙イラスト〕

　（大阪弁護士会交通事故委員会）2018 年

・『若手法律家のための法律相談入門』（学陽書房）2016 年

・『破産管財 PRACTICE』〔編著〕（民事法研究会）2017 年

・『裁判官！ 当職そこが知りたかったのです。―民事訴訟がはかどる本―』

　（学陽書房）2017 年

相続道の歩き方

2018年12月25日　初版発行
2022年 2 月 4 日　第 5 刷発行

著　者　　中村　真　ⓒ

発行者　　小泉　定裕

発行所　　株式会社 清文社

東京都千代田区内神田1－6－6（MIF ビル）
〒101-0047　電話 03(6273)7946　FAX 03(3518)0299
大阪市北区天神橋 2 丁目北2－6（大和南森町ビル）
〒530-0041　電話 06(6135)4050　FAX 06(6135)4059
URL　https://www.skattsei.co.jp/

印刷：亜細亜印刷㈱

■著作権法により無断複写複製は禁止されています。落丁本・乱丁本はお取り替えします。
■本書の内容に関するお問い合わせは編集部まで FAX（03-3518-8864）または edit-e@skattsei.co.jp でお願い
します。
■本書の追録情報等は、当社ホームページ（https://www.skattsei.co.jp/）をご覧ください。

ISBN978-4-433-62928-1